なぜあの人は仕事が速いのに
ミスしないのか

短時間で成果を出す スゴイ集中力

田場信広 Taba Nobuhiro

ぱる出版

はじめに

あなたは定時に仕事が終われているだろうか？
休日は確実に休めているだろうか？
就業時間内に仕事を予定どおり進められているだろうか？

答えはおそらく「ノー」だろう。時間に追われ、苦しい現状を何とかしたいと思うからこそ、今この本を手にしているのではないだろうか。

もしも集中力が増して作業が早く片づけば、仕事がもっと楽になるかもしれない……そんな思いで本書を手にしているなら、その行動と直感は正解である。

本書を、たかだか「集中力強化の本」という軽いジャンルに思わないでほしい。この一冊がもしかすると、あなたの「未来」を大きく変えるかも知れない。少なくとも、私は集中力を利用して時間を管理することにより、苦痛から逃れ自由を手に入れた。

そう、あなたも大きく変われるチャンスを目の前にしているのだ。
本書を読み進めれば、あなたが今、解決したいと願っているものを発見できるはずだ。

例えば……、
・この本を読むと、どんな未来を手に入れられるのか……
・現状の抱えている時間の悩みは解決できるのか……
・人生になぜ「集中力」が必要なのか……
・集中力がもたらすメリットは何なのか……

逆に、私からあなたに質問させてほしい。
もし、時間を自由に管理できるようになれば、あなたの生活はどう変わるのだろうか？

・集中力を意のままにして、あなたは一体何を手に入れたいのだろうか？
・仕事がはかどると、どんな良いことがあるのだろうか？
・自由な時間が手に入ると、あなたは何をやりたいのだろうか？
・空き時間を活用して、何かやりたいことに挑戦したいのだろうか？

私はずいぶん長い間、「時間」と「仕事の効率」に悩まされ続けてきた一人だ。

自分では一生懸命に頑張っているつもりだが、頑張れば頑張るほどに仕事が増え、気づけば残業も休日出勤も当たり前になっていた。

平日に終わらない仕事を処理するための休日出勤も多かったが、土曜日・日曜日は電話が鳴らないので仕事に集中できる。

しかし、年々体の疲れが取れなくなってきた。特に眼精疲労と精神疲労は蓄積していく一方だ。もっと効率的に仕事を片づけて休日は確実に休みたいと願うものの、思うように仕事が片づかない。はかない願いとは逆に、仕事に追われるだけの人生になっていた。

どうすればもっと仕事を効率的に片づけることができるのだろうか?

そんな思いとは逆に、片づけても、片づけても一向に仕事は減らない。むしろ処理すればするほどに増え続けるタスクと業務、そして二次曲線的に増加する責任という重圧の中で長い間もがき苦しんだ。

時間と仕事とタスクに追われ続け、疲弊していく人の数は決して少なくない。さらにもっと劣悪な環境で働く人もたくさんいるだろう。

労働基準法で定められている労働時間をはるかに超え、週60時間労働を超える人が397万人も存在しているという嘆かわしいデータがある。日本人は長時間労働が大好きだ。いや、半強制的に長時間労働をしなければいけない過酷な労働条件を押し付けられているといえよう。

加えて、日本社会のおかしな習慣として「残業＝頑張っている姿」と見る文化が根強くある。規定の終業時刻に帰宅する人に対しては「やる気がない人」「仕事しない人」という偏見があるためだ。定時には帰りにくいという悪しき文化が日本社会全体に蔓延していること自体が大きな問題だ。

あなたの人生は、会社や仕事のためだけにあるのではない。

だが現実は、会社優先・仕事優先になり、残業や休日出勤によって大切な自由時間を犠牲にしていないだろうか。

文化や社会的背景、悪しき習慣、ブラック企業等、労働環境に悪影響を及ぼす要因はいくらでもある。あなた一人の力では、変えたくても変えられないものばかりだ。

ならばいっそ、あなた自身が効率的に短時間で集中的に仕事を終わらせる「集中力を活かした魔法の仕事術」を手に入れようではないか。

私は医者でもなければ、医療関係者でもない。もちろん脳科学の権威でもなければ、専門の研究家でもない。
自分自身が仕事の効率化と時間に悩まされてきた暗い過去を糧にして、様々な「時短方法」「仕事術」を調べ上げて実践に活用してきた。
そのなかでも効果や再現性の高いものを取り入れ、自分のスタイルに合うように改良を加え、時間をコントロールする仕事術をまとめたものが本書である。

読み進めていただくと、どこかで聞いたようなノウハウもあるかもしれない。しかしノウハウは実践できてこそ初めて意味を持つ。知っているだけでは役に立たない。使ってこそ、いや、実際に使えるからこそノウハウとしての意味がある。

私と同等、いやもっと仕事や時間に苦労されているあなたには、ぜひともこのノウハウを活用し、短時間で効率的に仕事を片づけ、自由な時間を手に入れていただきたい。

「明日」という日は来ないと言われる。明日という日は、今日の翌日を指す。夜が来て布団に入り、次の日の朝を迎えると、その日は「今日」だ。
単なる言葉遊びだと言われてしまうが、「明日」という日が来ることは一生ない。

しかし、本気で未来を変えたいのであれば「明日から何かする」のではなく、「今日、今すぐに小さな一歩目を踏み出す」ことが大切である。

時間に追われ、苦しい現状を何とかしたいと願うからこそ、今この本を手にしているのではないだろうか。ならば、あなたの未来を変えるべき第一歩として、本書を活用し貴重な時間を使ってじっくりと読み進めてほしい。

記載しているノウハウの全てを実践できなくても構わない。たとえ1つでも2つでも実践し、仕事の中で活用できれば、あなたの未来は大きく変わるはずだ。

そろそろ時間に追われるだけの仕事の呪縛から解放されようではないか。もっと有効的に利用できる時間を手に入れて、「残業」「休日出勤」「時間に追われるタスク処理」といった愚行は過去の笑い話にしてしまおう。

今日、未来を変える第一歩を一緒に歩み出そうではないか。

短時間で成果を出す

スゴイ集中力

【なぜあの人は仕事が速いのにミスしないのか】

もくじ

第1章 時間に縛られない

【貧乏な人ほど時間に支配されている現実を知る】

第2章 すべてシンプルに
【短時間で効率的な作業を可能にする思考法】

第3章 ミソはやっぱり「脳」
【一点集中処理が「集中力アップ」の大原則】

第4章 邪魔なモノを捨てる

【不要行為をいかに排除するかで成否は決まる】

第5章

優先順位と時間配分

【短い時間を有効に活用し最大の成果を得る】

第6章 仕事現場で応用する【すぐに使えるサラリーマン時短術】

企画協力▼企画のたまご屋さん
カバーデザイン▼EBranch 冨澤 崇
イラスト▼堀江篤志
本文レイアウト▼Bird's Eye

第1章

時間に縛られない

【貧乏な人ほど時間に支配されている現実を知る】

01

いつまで「時間」「期限」「仕事」に追われ続けますか？

20世紀における最重要人物の一人であり、経済学者の代表的存在で「不況の経済学者」という異名を持つ彼の名は、ジョン・メイナード・ケインズ氏。

「マクロ経済学」を確立させた人物だというほうがわかりやすいだろう。歴史的に悪名高い世界恐慌まっただ中の1936年に『雇用、利子および貨幣の一般理論』という本を出版し、その理論は「ケインズ革命」と称され、20世紀の多くの国家の経済政策に強い影響力を与え、経済社会の構造を変えた伝説的な経済学者だ。

難しい経済学の話やケインズ氏の理論を深く説明するつもりはないが、彼ほどの賢者であっても「未来予想」は難しかったことを知ってもらいたい。

ケインズ氏が残した名言は数知れないが、最も興味深いのが「未来の経済と社会」を予想したものである。

彼が予測した2030年は「経済問題が解決され、働かなくてもよくなる」という、まるで夢のような世界だった。

内容は、1日3時間も働けば十分暮らしていけるというもので、なんとも嬉しい、いや理想のような世界である。

ところが実際はどうだろう。現代人は未だに期限や時間に追われ続け、働かなければ生きていくことはできない。2030年までもう少し時間があるが、誰もそんな夢のような時代が来るとは思わないだろう。

確かに19世紀や20世紀に比べれば、ずいぶんと便利な世界になった。パソコンやインターネットの普及により、仕事や作業の効率は飛躍的に上がった。しかしなぜか、いつまで経っても労働時間は短縮されない。

短縮どころか真逆の方向に向かい、過労死や労働環境の劣悪さから自殺に至る悲しいニュースが後を絶えない。

社会は確実に豊かに、そして便利になっているはずだ。それなのに、なぜ人類はいつまでも時間に追われ続ける運命にあるのだろうか。

そして、現代人を苦しめる真の原因は何だろうか。どうすればケインズ氏が夢見たような、豊かで人生を楽しめる理想の労働環境が手に入るのだろうか。理想と現実のギャップは21世紀になっても変わらないのはなぜだろう。

偉そうにいう私も、実はずいぶん長い間、時間と期限と仕事に追われ続けてきた労働者の一人だ。社会的にいえば、ブラック企業が多いといわれそうな職種に20年以上も携わってきた。

早朝出勤・残業は当たり前で、休憩時間もほぼ皆無の状態。休日には幽霊出勤を繰り返すのが当然の業界である。

働いても、働いても、積もるタスクは捌《さば》ききれず、仕事は時間と共に増える一方。その結果精神的に追い込まれ、遂に「うつ病」を発症してしまった。

生きていくためには食べなければならない。食べるためには、命を擦り減らしてでも仕事に追われ続けなければいけない。

もしそうだとすると、生きるということは、一生「時間」「期限」「仕事」に追われ続ける地獄を示唆しているのかもしれない。

もしケインズ氏が現代に生きていれば、どんな助言をしてくれただろうか。彼ほどの賢者であれば、何か素晴らしい打開策を講じることができただろうか。

02

「諸刃の剣」ネット時代を生き抜く知恵を持て

1961年、アメリカの電話中継基地がテロにより破壊された。この事件の影響により軍用回線も一時的に完全停止し、従来の電話網では今後役に立たなくなると考えたアメリカ国防総省は、新たな通信システムの研究を開始した。

通信手段を1ヶ所に依存しないネットワークの仕組みを構想・研究し、分散型ネットワークというものを生み出した。このネットワークはその後、1980年代に学術ネットワークとして拡大し、1990年前後にはアメリカ中のネットワークが相互に接続された。これがインターネットの簡単な歴史である。

さらに1989年にはインターネットとパソコン通信の間でメールのやりとりが可能になり、1990年には商用アクセスプロバイダができ、インターネットの民間利用が飛躍的に加速した。

１９９３年にはホームページ閲覧ソフトが開発され、その後の普及の歴史はあなた自身の生活を振り返れば十分おわかりのはずだ。パソコンが普及し、今では持ち運び可能な優秀なデバイスであるスマートフォンが大切な情報端末の代名詞になった。

もはや現代人にとって、インターネットなしの生活は考えられない環境になった。どんなに離れていても、一度に多くの情報を伝達でき、ちょっとした調べ物も短時間で簡単にできるようになった。

コミュニケーションや連絡が取りづらかった昔とは打って変わり、ＳＮＳやコミュニケーションアプリの普及で、些細な日常的な連絡が可能になった。まさに情報革命。何十冊、いや何万冊以上の辞書を持ち歩くよりも秀でた英知を持ち歩くことが可能になったのである。そして超能力の１つであるテレパシー以上に、優れた遠隔伝達手段をも手に入れたのだ。


インターネットと小型情報端末の普及は、時間や場所に束縛されず情報収集と即時連絡が可能な環境を我々に与えた。１００年前の人から見れば、夢のような世界である。

オフィスに行かなくても仕事ができるようになり、直接お店に行かなくても商品が買えるようになった。外出して居場所がつかめない外回りの営業スタッフにいつでも連絡が取れるようになった。ちょっとした急用が入っても、家族にいつでも連絡ができるようになった。本当に便利なものだ。

といいたいところだが、本当に情報革命は「便利さ」だけをもたらしたのだろうか。どこにいても連絡が入るということは、休日にのんびり旅行を楽しんでいても職場や顧客から連絡が入る。時間に関係なく、知人・友人から面倒な相談が入る。得意先から山のようなメールが連日届く。SNSで参加したグループメンバーの発言に、いちいち「イイね」をしなければいけない。

実は、情報革命以前であれば必要のなかった人間関係やコミュニケーションの時間が、爆発的に増加してしまった。情報が溢《あふ》れてしまった結果、現代人はその情報を精査して処理しなければいけないという悲劇にも見舞われてしまった。届くメールが大切なものなのか、迷惑メールなのかを毎回チェックしなければならない。コミュニケーションアプリに届くメッセージが、大事なものか、そうでないのか、緊急を要するのか否かをこと細かくチェックする必要がある。

作業や仕事が楽になるはずが、余計なタスクが膨らみ、時間と情報精査の負担を増大させてしまったのだ。まさに情報革命が生み出した、現代の悲劇である。便利なものはつねに「諸刃の剣」である。

03

貧乏な人ほど時間に支配されている

「郷に入れば郷に従え」ということわざがある。風俗や習慣は土地や地方によって異なるため、新しい土地に来たらその土地の風俗や習慣に従うべきだという意味である。会社や組織に所属した場合は、その会社や組織の規律や文化に従うべきだということも指している。「白い物」でも社長が「黒だ」と言えば黒と言わなければならないようなワンマン経営の会社も少なくはない。

日本人は特に社会規範を重んじる民族であるから、周囲と違うことをすると不安を感じる。言いたいことがあっても、素直に発言すればハラスメントの対象となりかねない危険性がある。

法的にも理屈的にも変だと感じていても、黙って従うしかないルールがどこの会社にもあるのではないだろうか。拒否すると出世に悪影響が及ぶ飲み会やゴルフ、あなたも経験がないだろうか。

ちなみに私のいた業界では、理不尽かつ不条理な暗黙ルールが多数存在していた。表社会には公表されないが、同じような暗黒ルールを持つ会社は少なくないはずだ。

日本人の持つ社会規範性をユニークに風刺しているのが「エスニックジョーク」である。エスニックジョークとは、ある民族の民族性、もしくはある国の国民性を端的に表すような話で、笑いを誘うジョークをいう。

世界的に最も有名なエスニックジョークが「沈没船ジョーク」だ。おそらくあなたもどこかで聞いたことがあるはずだ。

世界各国の人々が乗った豪華客船が沈没しかかっていて、乗客の数に比べて脱出ボートの数は足りないという、タイタニック号さながらの設定の話である。

緊急事態に瀕《ひん》した船長は、乗客を海に飛び込ませようとして色んな策を講じる。船長が各国の人を飛び込ませるために放った言葉がユニークなので、非常に有名になったジョークだ。

アメリカ人に対して…「飛び込めばヒーローになれますよ」

ロシア人に対して…「海にウォッカのビンが流れていますよ」
イタリア人に対して…「海で美女が泳いでいますよ」
フランス人に対して…「決して海には飛び込まないでください」
イギリス人に対して…「紳士はこういうときに海に飛び込むものです」
ドイツ人に対して…「規則ですので海に飛び込んでください」
中国人に対して…「おいしい食材（魚）が泳いでいますよ」
韓国人に対して…「日本人はもう飛び込みましたよ」
北朝鮮人に対して…「今が亡命のチャンスです」
日本人に対して…「みなさんはもう飛び込みましたよ」
関西人に対して…「阪神が優勝しましたよ」

関西人は後から付け加えられたものだが、民族や国民性を表すには非常に「的を射た表現」である。

このジョークから、日本人が持つ社会規範性の根源が、周囲と同調することを正論とする文化であることが理解できる。つまり、間違いだとわかっていても、周囲と同じ意見を通すことが正しいとする文化があるわけだ。

ブラック企業であることが頭では理解できていても、同僚や先輩が「良い会社」だと言

貧乏癖のついている人ほど、人マネをしたがる

い聞かせていると、同じように「良い会社」と言い聞かせることが正しいとする文化である。

周囲の環境に支配されると、自分の人生や仕事に対する真の信念から逸脱してしまう傾向にある。

赤信号でもみんなが渡るから大丈夫という、大きく誤った思想である。この思想が間違いであることは理解しているはずなのに、周囲の環境に支配されているからこそ、時間に追われていることが常識になっている組織に所属していると、いつの間にか誤った思想や文化に染まってしまうのである。

これこそが貧乏や、時間と仕事に追われる人生の根源的な原因である。今一度、会社や仕事が本当に正しい文化なのかどうかを自分なりの正しい視点を持ってしっかりと見直してほしい。

04

一日中必死で働いたのに成果が小さい理由

また憂鬱な1週間の始まりだ。月曜日はいつになくテンションが低い。

朝から晩まで必死になって仕事をしているが、なぜか思うように効率が上がらない。休憩時間も惜しんで目の前のタスクをこなしているが、思うように片づかず、結局今日も残業だ。

こんなに必死になって働いているのに、なぜ思うような成果が出せないのだろうか。なぜこんなに忙しいのだろうか。

いつもバタバタしている、つねにタスクに追われている。

このような人は、ある種の生活習慣病のように、忙しいことが習慣病になっている。どうも自分の思うように仕事が片づかないと感じているなら、一度自分の仕事ぶりや生活習慣をしっかりと見直してみるべきである。

見直しを行なう場合は、頭の中だけで考えるのではなく、必ず「メモ」を利用してほしい。できれば手書きで、気がつくたびに書き出してから、パソコンやスマートフォンのメモ機能を利用して整理することをオススメする。

見直しを行なうべき点は、1日の行動のすべてである。

朝起きてからの洗顔や歯磨き、朝食は何を食べてどれくらいの時間を要したのか。職場にどうやって向かったのか、その間何をしていたのか。

何時に出社をして、まず何の作業をやったのか。午前中の仕事は何を行なったのか、昼休みはどのように過ごしたのか。

午後からの作業は何を行なっていたのか、定時に仕事を終えることができたのか。

残業を行なった場合は、なぜ残業をしなければいけなかったのか。

残業中はどのような仕事をしていたのか、何時に仕事を終えたのか。

仕事を終えてから帰宅するまでの間何をしていたのか、帰宅後寝るまでの時間をどのように過ごしたのか。

できれば分単位で細かく作業や仕事、そして雑用もすべて記録しておこう。

たとえば、仕事中にスマートフォンを触った、突然の来客に対応した、朝から5通のメールをチェックした、といった非常に細かいメモが重要になる。

普段から忙しいあなたにとって、この作業は自分をさらに苦しめる負担になるかもしれないが、今後あなたが時間に追われる地獄から解放され、面白いように集中して仕事の成果を出すための大切な第一歩である。

慣れ親しんだ日常を変えるという挑戦の第一歩は大きな苦労を伴うが、本気で自分を変革しようとするならば、1週間だけ我慢してこの記録を付けてもらいたい。

意外に自分が気づいていない大きな問題が明確に見えてくるはずだ。

あなたが時間をどのように活用しているのか、今一度しっかりと見直してみよう。

05 すべての人に時間が平等にあるわけではない

あなたはもしかすると、1日あたり24時間がすべての人に平等にあると考えているのではないだろうか。それは大きな間違いである。

確かに時間の尺度という観点からは、1日は24時間であり、分に換算すると1440分である。この絶対的な数字は変化することがないが、実は流れている時間は人によってまったく異なる。

時間がなくバタバタとしている人や、つねに仕事や作業雑用に追われている人と、時間配分に優れて効率よく仕事をしている人では、時間の流れも成果もまるで違ったものになっている。1日が24時間であるということ自体が、幻や勝手な思い込みであると理解すべきだ。

自分の1週間の行動を記録していただいたが、そのメモを見てあなたはどう感じただろうか。無駄な作業に多くの時間を割いていなかっただろうか。この集計したデータを、さらにグラフを利用して時間配分を視覚化するとわかりやすい。

真剣に仕事だけに従事している時間が長いのか、逆に無駄なことや雑用に時間を費やしているのかがよくわかるはずだ。

仕事に専念しているか、していないのか。あるいは雑用に振り回されているのか。もしかすると、まったく関係のないことに時間を浪費しているのかもしれない。

時間に追われている人ほど、実は仕事には直接関係のないことに振り回されている傾向がある。

もし、雑用や関係のない作業をすべて省いて本来の仕事のみに従事した場合、あなたの実質上の労働時間はどれくらいになるか、見直してみてほしい。

規定の労働時間内に、必要とされる成果を上げることができるのだろうか。もし労働時

人によって時間の長さは変わる!?

間内に成果を上げることが可能ならば、あなたは余計なことに時間を割かれていることになる。労働時間内に成果を上げることが不可能であれば、そもそも企業側の仕事の配分に原因がある。

時間内に仕事が終わらない原因が何か、まずそれを認識しておかなければ先に進めない。原因が企業側にある場合は社内全体の問題として解決策を検討せねばならないが、あなたに原因がある場合は即座の改善を要する。

前者の場合は解決までに膨大な時間を要する問題であるが、もしあなた自身に起因する問題であれば、実は改善策は決して難しいものではない。

06

時間に追われる人生は正しいのか

人類の歴史において、「時計」というものが発明されたのは、ずいぶん昔のことである。数多くの生命が存在する地球上で、時間を支配したのは我々人類だけである。

諸説あるが、時計は今から6000年ほど前にエジプトで誕生したらしい。古代エジプト人が1日を12時間2組に分け、巨大なオベリスクの影を日時計に見立てたことが起源とされている。

それから長い歴史を経て、仕組み、精度、大きさ、携帯性の面で時計は大きな進化を遂げて現在に至る。

巨大なものから始まった時計が、今では腕時計やスマートフォンのウォッチ機能として身に着けられる小型デバイスとなった。一人ひとりが時間を管理し、正確な時をコントロールできるようになったのだ。

ところがこの便利なアイテムは、時として我々を苦しめる道具にもなる。たとえば、約束の時間を設定すれば、厳守すべきルールになる。

また、約束とは待ち合わせ時間のことだけではない。仕事の始まりの時間、終わりの時間も約束に該当する。

時間を支配した人類だが、逆にこの時間に支配されてしまう結果も招いてしまった。時間を重要視するのは個々人の感覚によって異なるが、この感覚は民族性やお国柄によってもずいぶんと変わるようだ。

海外では日本のように鉄道が時刻表どおりに運行されることは稀である。日本では時間厳守が当たり前で、電車が1分遅れても遅延のアナウンスが流れる。東京〜新大阪間の約500キロの距離を移動する新幹線も、原則として1分の誤差もなく運行されている。

日本の鉄道時刻管理は世界一正確であり、飛行機の提示到着率も1位といわれる。この時間の精度は、日本が世界一だといっても過言ではない証だろう。

しかし、この感覚は日本人として当然というだけで、すべての外国人には通用しない常識だ。飛行機や電車の交通網だけでなく、仕事の時間や待ち合わせの時間感覚も、外国人とは大きく異なる。

時間に厳格な日本人と、余裕を持つ外国人のどちらが正しいというわけではないが、時間というものにコントロールされて生きているのはどちらだろうか。

時間をコントロールしているつもりが、実は時間に支配されているのは日本人のほうかもしれない。

飛行機や電車の時間は世界一厳守されている日本ではあるが、実はその反面、最も時間にルーズなのが日本人だともいわれている。

交通網においては出発時刻や到着時刻が厳しく定められているが、もちろんこの時間管理は一般企業にも浸透しており、仕事の開始時刻には非常に厳しい。始業時刻に1分でも遅れようものなら遅刻扱いされる。

しかし逆に、非常におかしな点がある。仕事の開始時刻については鬼のように厳しい規定がある一方で、仕事が終わる時刻である定時には非常にルーズなのだ。
定時になれば社内の電源がすべて遮断される一風変わった企業も存在するそうだが、多くの企業では定時を過ぎて社内にいても誰も怒らない。遅刻に関しては非常に厳格な面があるにもかかわらず、終わりの時間に関してはルーズすぎる社会が日本という国の文化である。

あなた自身は「時間」に対して、どのような感覚を持っているだろうか。待ち合わせた相手が1分でも遅れたらイライラする性格だろうか。会議が予定よりも長引いた場合は、どんな気持ちになるだろうか。通勤時に電車が遅延していたら、どう感じるだろうか。あなたは時間に支配されているのか、逆に支配しているのか、自分の性格や時間への概念を振り返ってもらいたい。

もし時間や周囲の環境に支配されていると少しでも感じるならば、その原因を追求し、もっと効率的に時間短縮する方法を見いだす必要があるはずだ。

07

仕事の負のスパイラルを回避すべし

あなたの会社は会議が好きだろうか。

日本の会社や組織は、なぜか会議やミーティングが大好きである。会議自体は世界中に存在する仕組みではあるが、日本の会議は特に質が低いと酷評される。

会議とは、そもそも生産性のない行為である。これは会議自体が悪いといっているのではなく、会議中は何の生産性もない状態ということだ。

会議で出された新しい提案によって飛躍的に業績が上がることはあるが、会議中はまだ生産されていない仮定の状態である。

つまり長時間に及び成果を得ることのない会議は、単なる時間の浪費にしかならない。

大きな成果品を得ることがない会議は、極力回数を減らすか時間を短縮すべきである。

最近の会議では、メモ代わりにノートパソコンやタブレットを持ち込める企業も多い。懸命にメモを取るフリをして、メールチェックやネットサーフィンをしているような参加者はいないだろうか。肝心の議題に注意を向けず、別の作業を行なっている参加者は意外にも多い。これでは貴重な時間を割いて会議を行なう意味がない。参加者が真剣に関わらない会議であるならば、単に回覧でもよいのではないだろうか。

会議とは、忙しいメンバーがわざわざ時間を作って参加して議論すべき場である。議論や意見交換がない会議ならば、会議そのものを見直すべきであろう。

会議自体は世界各国で行なわれている業務だが、特に日本人の会議は異質であるといわれる。参加者がやたらと多く、わざわざ同席しなくてもよい人まで含まれているケースもある。オブザーバーや研修中のスタッフ、情報共有目的の人や議事録係まで参加すれば収拾のつかない状態になる。

人数が増えると余計な話や雑談も増え、会議に直接関係のない話題で盛り上がり、10～

15分で終わる会議が60分以上もかかる。時間を持て余している人たちの集まりであれば終日会議を行なっていただいても結構だが、時間のない忙しい現代人には会議は邪魔な存在以外の何物でもない。

とはいえ、すべての会議が悪しきものでもない。重要事項の決定には会議が必須である。また社内や部内での意見交換という観点からは、大切なビジネスコミュニケーションの場でもある。

会議を行なう場合は大切なポイントを押さえて開催する必要がある。当然だが参加者は皆忙しいので、時間厳守としたタイムスケジュールを優先すべきだ。

また、事前に「重要事項」と「意思決定事項」の必要性を伝えておき、参加者はできるだけ少数にすべきである。

当然だが会議に集中するためデバイスは持ち込み禁止とし、生産性を持って臨む気持ちで参加させなければいけない。

08

完璧を求める人ほど人生に失敗する

日本人の労働生産性の低さの1つの要因となっているのが「完璧を求めすぎる」ことである。

アメリカ人には「95%主義」というものがある。日本人はつねに100%を目指す傾向があるが、完璧を求めすぎると時間と労働の無駄になる。

物づくりに関して日本人は特に優れた能力を持つ国民である。真面目で、実直で、完璧な製品を目指す努力は他の国では考えられない神業的なレベルだ。

また顧客に対するサービス精神が著しく高く、この2つが相まってできた素晴らしい商品群が日本には多い。

日本人の物づくりへの情熱と、涙ぐましいまでの企業努力は世界に誇れる文化である。

しかしその反面、完璧を求めすぎて余計な経費や時間を割いているのも事実である。命に直結するような重大なケースは別として、大半の製品にはある程度の欠陥品が含まれる。仮に100個の製品のなかに5個の欠陥品が混入していた場合、5個を新しいものと交換すればよいだけであるが、100個すべてを完璧に仕上げるために費用と労力をかけた場合の経費や時間はどれくらい大きなものだろうか。

欠陥品ゼロ、クレームゼロは素晴らしい成績だが、完璧を求めすぎて過剰な人件費と時間を割いているのもおわかりだろう。許容できる範囲が余りにも狭すぎるのだ。これこそが日本の労働生産性の低さの要因である。

仕事でも同じだが、優秀な人は重要なポイントをしっかりと押さえている。表現は悪いが「要領」が良いのだ。もっとわかりやすくいえば「手を抜くことが上手」なのである。

最初から100%を目指さず、80%以上を目指す。一気に合格圏内へと仕事を進め、残りの時間を利用して100%を目指す。

優先するべきものが何かをよく考えるべきで、最初から100%を目指していては時間と労力を途方もなく浪費することになる。

優秀な人は重要ポイントをしっかり押さえている

完璧を求めるあまり、心身共に疲弊してしまっては、一体何のために努力を重ねているのかという大きな疑問だけが残る。

少しくらい「いい加減」なほうが、結果としては「良い加減」になるケースが多い。精神的に余裕を持って臨んだプロジェクトと、1％のミスも許されない状況で臨んだプロジェクトと、どちらが良い結果につながるかは誰でもわかるだろう。

大きな成果を上げて生き残るためには、80％の合格点まで短時間で仕上げる力を身に付けなければならないのだ。

第2章

すべてシンプルに

【短時間で効率的な作業を可能にする思考法】

01

究極なものはすべてシンプル

整理整頓は、仕事や部屋の片づけだけに効果があるのではない。必要品にだけ注目し、その他の不要品を排除する習慣が付けば、人生の様々なシーンで大いに役立つはずだ。

重要なものだけに集中するほど、人生がシンプルで効率的に、かつ有意義なものへと大きく変化する。

ガレージからスタートして大企業を築いたアップルの創始者であるスティーブ・ジョブズ氏もつねに「シンプルさ」にこだわった一人であった。

シンプルなものほどアルティメットであり、複雑怪奇なものほど実は不要品である。

これは自然界の摂理にも準じている。豊かな人ほど生活はシンプルであり、判断基準も

優先順位とシンプル思考が処理スピードを高める

実に単純明快である。思考や決断に優先順位を設け、判断基準をシンプルにしてあるからこそ迷うことがない。

たくさんのタスクを脳内に抱え、つねに難しい計算状態に思考を置いておけば、いずれ脳の処理機能はパンクするだろう。

高速道路であれ、市街地であれ、狭い裏路地であれ、つねにアクセル全開で車を走らせているような状態だ。事故が起こらないほうが不自然である。

思考や脳内をつねに整理整頓し、シンプルな判断基準を設けておくだけで作業効率は格段に向上する。

あらゆるシーンに迷うことがなくなれば、人生における重要な決定事項でもミスがなくなる。急な事故やトラブルの際も思考回路がフルに働き、瞬時に正しい判断が下せるようになる。

シンプルな判断基準を持つ訓練を日常生活で行なっておけば、いざというときに心強い。どんな人でも、最終決定を下すのは自分自身だ。他人の意見や判断に惑わされることなく、自らの強くシンプルな判断基準を持つべきである。

基準を保つためには、普段の些細な行動から訓練する必要がある。ランチに何を食べるかという判断基準でさえ、同僚や職場の人間と同じものを選ぶ習性があるなら要注意だ。

行きたい場所、食べたいものを自ら決定する習慣が大切である。ランチの選択だけでなく、買い物や移動ルートにおいても、シンプルな意思決定を実践してほしい。自分の人生の舵取りは自らが行なうのだという強い意志がなければ、慣れ親しんだ日常の悪しき習慣を変えていくことはできない。

誰かの基準に準拠するのではなく、あなただけの判断基準で、できるだけシンプルに整理整頓した基準を構築してほしい。

02

時間をコントロールしている人の日常

プレミア品を除き、物品は失ったり壊れたりしても再び入手可能であるが、時間はそういうわけにはいかない。過ぎ去った時間はいくらお金を払っても戻ることはない。1日は24時間しかなく、効率的にタスクを片づけていかなければ、あっという間に時間は過ぎ去ってしまう。

気がつけば何十年という歳月を瞬間移動してしまう羽目になるかもしれない。物品やお金以上に大切にしてほしいのが「時間」である。

「時は金なり」といわれるが、私はお金よりも時間のほうが遥かに重要と考えている。どんな大富豪でも、時間を遡《さかのぼ》ることは不可能だからだ。命の次に時間こそ大切にしてもらいたい。

時間を有効に活用するために気をつけるべき点を紹介しよう。限られた資源である時間を有効活用するには計画性が必要だ。目の前のタスクに追われるだけでは時間を浪費する結果になる。

まず、抱えているタスクをしっかりと抽出し、不要な作業を処分することから始めよう。必要なタスクに優先順位を付け、難しいものから処理していく。難しい処理を朝一番に行なうことを嫌う人がいるが、始業直後の朝一番こそ、その日最も難しい作業から取り組むべきである。

重要な仕事を後回しにすると痛い代償を払うことになる。残業や休日出勤だけでなく、クレームやトラブルの対処も後手になりかねない。

さらに、重要な仕事を行なうときは極限まで集中力を増す環境づくりが重要な鍵になる。いくら優秀な人でも24時間集中して難しい作業を続けることは不可能である。人間の能力は、実際には大差がない。習慣や脳の使い方を熟知しているか、知らないかだけの差である。能力を存分に発揮できる環境を構築できれば、あなたにも爆発的な成果を生み出す可能性が秘められていたことに驚愕《きょうがく》するだろう。

別に自慢ではないが、時間活用の一例として、私自身の1日の過ごし方を紹介しよう。

朝6時半に目を覚まし、メールやSNSをチェックした後、愛犬の散歩に行く。軽めの朝食を摂《と》り、8時前後から約20分間、集中力増強のための瞑想を行なう。

午前中は難しい作業を優先的に集中して一気に行なう。

正午前後から趣味のランニングを10キロ程度こなし、帰宅後にシャワーを浴びて、軽いお昼寝タイム。


原則としてランチは摂らない主義だ。昼寝の後はメール返信やインターネットでの調べ物等の軽めの作業を連続して行ない、家族団欒《だんらん》の夕食と入浴タイムになる。

入浴後は読書や趣味の時間・勉強タイムに充てている。読書は月に15冊を目指して様々な分野の本を読んでいる。23時過ぎに消灯し、1日が無事に終わる。


この生活リズムには、重要なポイントがいくつも隠されている。すべてを真似できれば理想的ではあるが、あなた自身の働き方や生活リズムには適さないものもあるだろう。

もし生活スタイルのなかに取り入れられるものがあれば、ぜひとも活用していただきたい。詳しくは実践編で解説していくが、作業の成果を左右する大きな要因は「時間の活用法」であり、個人の能力は関係しない。

03

成果の上がらない人は睡眠時間を犠牲にしている

実は、時間活用が上手な人ほど「睡眠」を十分に取っている。特に一流と呼ばれる人ほど睡眠を大切にしていることをご存知だろうか。

世界のトップアスリートや類稀なる業績を上げる企業のトップ、芸術家や音楽家は睡眠の大切さを熟知している。良質な睡眠は人生の成功を左右する大きな要因といっても過言ではない。

夜の通常の睡眠だけでなく、昼寝や仮眠も大きな影響力を持つ。最近の研究でも、30分前後の仮眠で仕事効率や注意力が格段に上がることが実証されている。グーグルの本社に専用のお昼寝マシンが設置されていることは有名だ。

忙しい現代人は呑気に昼寝をしている時間がなさそうだが、眠気を我慢して仕事を続けるよりも、30分程度仮眠を取るほうが飛躍的な成果を生み出せる。

まさに、ことわざでいう「急がば回れ」だ。

もちろん、本来の睡眠も効率や成果に大きく影響する。トップアスリートや音楽家は、一般人の平均値より睡眠時間も仮眠時間も長いといわれている。すごい人ほど、実はよく眠るのだ。

眠りに関しては神秘のベールに包まれた未知な部分も多いが、最近の研究ではその素晴らしい効能が次々に発見されている。

短時間の眠りを取り入れて、活動時間を長くすれば効率が良いと思われがちだが、実は真逆である。

作業時間中でも十分な仮眠を確保し、完全に心身を回復させた状態で作業を行なうほうが遥かに良い成果が出る。

睡眠不足でいくら長時間の労働を行なっても、得られる成果は限られている。むしろ十分な睡眠時間を確保し、限られた時間内にフルパワーで業務に臨むほうが大きな結果を残せる。

ちなみに眠りには一定のサイクルがあり、最近の研究では90分サイクルの眠りが重要視されている。

この90分の倍数で睡眠時間を確保することが推奨されているが、実際には毎日最低でも6時間以上の睡眠が必要とされている。

理想としては7時間半から9時間の睡眠が確保できると最高だ。

逆に短時間、6時間未満の睡眠は十分な回復が見込めないので、緊急時以外は6時間未満の睡眠は避けるべきである。

十分な睡眠時間を確保し、良質な睡眠を取るためのポイントとして、寝る前の行動がある。まず寝る前の2時間以内に食事は摂らないことが大切である。

体を休めるつもりが、食事により胃腸を活性化してしまうことになるからだ。食事は早めに摂り、しっかりと寝る態勢を確保しなければいけない。当然だが寝る前の食事は太る要因にもなる。就寝前の食事は良いことがない。

また眠りに入る直前の思考は、脳内に記憶として定着しやすい。そのため、ネガティブな情報を見たり聞いたり考えたりしないことが重要だ。ニュースを見たまま寝る、スマホ

優秀な人ほど、よく眠る

を眺めて寝るのは記憶に対して大ダメージである。

就寝前の理想としては、1日の楽しかったこと、希望に溢れる夢、今日という日への感謝等で眠りに就こう。これだけで朝には脳がベストコンディションでスタートできる。十分な睡眠は、仕事の成果だけでなく、健康や人生そのものも大きく左右することを理解しておこう。

04

時間が足りないと言う人ほど運動を蔑《ないがし》ろにしている

タスクの効率化の最適な手法として、睡眠以外に「運動」がある。

運動というと長時間のハードな運動をイメージする人が多いかもしれないが、実は短時間の運動でも十分な効果が得られる。

単に階段を昇る、ラジオ体操をするといった軽微な運動でも疲れた脳や体をリフレッシュさせて仕事の効率を上げることができる。

仕事中に疲労や集中力の欠落を感じたら、無理をして作業を続けるよりも、思い切って数分間の運動を行なうと脳と体がリセットされて効率がアップする。トイレに行くフリをして、廊下で軽くスクワットを数回行なうだけでも十分な効果が得られるのでぜひとも実践してほしい。

運動は寿命にも大きく関係していると最近の研究で実証されている。まったく運動をしない人に比べて、毎日15分程度の運動を行なう人の平均寿命は数年程度長いというデータもある。時間がないことを理由に運動しない人がいるが、運動を習慣にするほうが健康的であり、寿命も延びるのだ。

また、たった15分の運動時間を確保できないほど仕事やタスクに追われていること自体が由々しき問題である。

仕事や作業を効率化できれば、15分の運動時間を確保することは容易である。加えて、運動によって適度の疲労感が得られて、良質な睡眠が確保できる。

まさに運動は良いことだらけである。

ただし、いくら運動が健康や仕事の効率向上に効果があるからといっても、やりすぎは逆効果である。「過ぎたるは猶《なお》及ばざるが如《ごと》し」とはよくいったもので、過ぎた運動は逆に体への負担を大きくする。

過剰な運動は大量の乳酸を出すために大きな疲労感が残る。また、体の補修や回復が優先されてしまい、肝心の脳や記憶の整理が後回しになる。これでは逆に作業効率は落ちてしまう。

運動には適正な量が重要である。理想的な運動量は、2日以上筋肉痛が残らない程度の、1時間前後のランニングが上限である。

さらに、運動を行なう時間帯にも注意が必要である。

運動の直後に寝ようとすると、神経が昂《たかぶ》っている状態のため簡単に眠りに入れない。運動も食事も睡眠の2時間以上前に終わらせ、ゆっくりとした時間を過ごしてから寝るようにしたい。

運動の時間が取れない場合は、エレベーターを階段に切り替える、1駅歩く、朝早めに起きてウォーキングを行なうなど、軽微な運動から日常的に取り入れ、休日にまとまった運動時間を確保すべきである。

いずれの場合も、大きな疲労が残らない適量の運動に留めていただきたい。プロのアスリートを目指しているのではないので、目的を間違えないでもらいたい。

05

余った時間の使い方が雌雄を決する

電車の中でゲームや漫画本に夢中になっている会社員の姿をときどき見受ける。決してそれが悪いというわけではないが、何か目的を持っているのかと疑問に感じてしまう。

息抜き程度にゲームをするのは構わないが、夢中になるのはお門違いだ。時間に追われ、自由な時間を欲しているはずが、実は無駄に時間を費しているようでは本末転倒である。

時間はお金よりも大切だとお話ししたが、移動時間や自宅までの通勤時間、休憩時間は貴重な「自己投資」の時間である。

電車の移動等は体を休めるための仮眠にも利用できるが、できれば移動時間は「読書」をお勧めする。スマートフォンの影響で退屈することがなくなった現代ではあるが、インターネット上に散乱する情報のすべてがあなたの成長を助長してくれるものではない。逆に時間を浪費させるだけの負の要因も多く、甘い誘惑も少なくない。

1日が24時間しかないように、あなたの人生も有限であり、いつか終わりがある。命には限りがあるのだ。いつまでも若く、いつまでも生きていられるわけではない。

貴重な時間を甘い誘惑に負けて浪費していては、人生の向上はあり得ない。時間を有意義に利用し、自分の人生の向上を目指すなら、読書や学びの時間を積極的に取り入れるべきである。

世の中にはたくさんの投資先があるが、すべてが大きなリターンを保証するものではない。しかし唯一、投資すればするほど必ず大きなリターンを得られるものがある。それは「自己投資」だ。

自分を成長させるためには「学び」が必須である。運動と同様に、1日15分でも構わないので読書や勉強の時間を設けるべきである。

日常の仕事や作業の時間を短縮することは大切な人生の課題だが、目指すべき本当の人生のゴールではない。

あなた自身が本当に目指すべき理想の世界に向けて、貴重な時間をぜひとも有意義なものに変えてほしい。

とはいえ、息抜き程度のゲームや娯楽は心の栄養になるので、時間とルールを決めて利用することは構わない。夢中になれるものがあることは決して悪いことではない。

06

テクニックを追う前に叶えたい未来像を描く

時間を自由にコントロールできるようになると、あなたの人生は飛躍的に改善されるだろう。十分な睡眠時間を確保し、適度な運動を取り入れ、良質な生活サイクルを構築できることは最高の人生である。移動時間や空き時間を利用した自己投資で、さらに人生が飛躍的に有意義なものに変わることを実感していただきたい。

何度も繰り返すが、時間は命の次に大切なものである。時間を支配できれば、あなたが望む以上の理想的な未来を獲得することができる。

時間を制することができれば、あなたは自由であり、健康であり、何よりも幸福が手に入る。他のどんなことよりも、自らの意思で時間をコントロールし、人生を思いどおりに動かすための「最強の魔法」を手に入れなければいけない。

しかし、理論とテクニックは、所詮は小手先のものであることに注意していただきたい。大切なのはテクニックやノウハウの実践ではなく、あなたが本当に得たい未来像をしっかりと描くことである。

目的地のない旅行は、絵に描いた餅になる。真に叶えたい未来像が描けなければ、せっかくのノウハウも、現状の苦痛から逃げるだけの単なる小手先のテクニックで終わってしまう。苦しい現状に依存したまま、自らの心身を浪費させる必要はないが、現状の改善があなたの最終的なゴールであってほしくない。

あなたにもかつて色んな夢や目標があったはずだ。しかし時間に追われ、日常業務に労力を費やす間に見えにくくなっただけで、本当は叶えたかった夢や目標があったのではないだろうか。時間活用法をスキルとして身に付けた後は、ぜひともあなた自身の夢に向かって自分を磨き続けてほしい。

あなたが時間を制し、夢に向けて楽しく頑張れる姿は、多くの人に影響を及ぼすだろう。家族や友人、知人や同僚、たくさんの人を感化することができるだろう。

あなたが変われば、周囲もすべて変わる。苦しい現状とのお別れも遠い未来の夢ではない。現状を乗り越えた、本当にあなた自身が望む未来をしっかりと描き、目標として設定し、覚悟を決めてほしい。

第3章

ミソはやっぱり「脳」

【一点集中処理が「集中力アップ」の大原則】

01

仕事は脳活用が八割

この章では時間活用の原理として「脳」の話を中心に進めるが、先にお断りをさせていただく。私は医者でもなく、脳に関する権威でもない。仕事や作業の効率化を求めて自ら探し当てた文献や情報を元にして、実践できたものを解説しているだけである。詳細な脳の構造や仕組みについては、専門の書籍や情報を参照していただきたい。

『思考は現実化する』で世界的に有名なナポレオン・ヒル氏。彼がこの書籍を出版したのは1937年のことで、今では全世界で7000万部以上の売上を記録している偉大なる書の1つである。

「脳科学」の発展した現代では、彼の言っていることは正しいと実証されているが、当時はまだ「怪しい話」の同類だと否定されるものであった。

この書籍のなかでヒル氏が伝えている重要な部分は「目標を紙に書いたり、口に出したりすると実現する」ということだ。つまり「引き寄せの法則」が働き、願望実現・目標達成することを説いている。なぜこのような摩訶不思議な現象が現実化するのか、現代の科学力で証明が可能になった。

生命を維持するために体が行なう活動には、脳幹にある網様体の神経の集まりが大きく関与している。

寝たり起きたりしていても、心臓やその他の臓器は休むことなく働き続けている。お腹が空いて食べ物を口にしたり、排泄したりするのもこの器官が行なう機能の1つである。それだけでなく、情報の収集や仕分けも行なっているといわれている重要な器官で、「網様体賦活系」と呼ばれている。

「網様体賦活系」は脳に入る情報の大半を経由しており、情報の精査も同時に行なっている。視覚・聴覚・嗅覚等の五感を通じ、脳内には大量の情報が毎時・毎分・毎秒なだれ込んでくる。この膨大な情報のすべてを全力で精査し判断を下していては、脳の処理が追いつかない。いくら優秀な脳とはいえ、処理すべきタスクが膨大になりすぎて消化不良を起こす。例えるなら、どんなに素晴らしいハイスペックなパソコンでも、たった1台では世界中の情報を処理するのは不可能ということだ。

脳も同じように、一度に処理できる情報量には限界があり、不要な情報は次々に廃棄処分されていく。しかし重要な情報は獲得し、記憶しなければ生命維持活動に大きな支障をきたす。この振り分けを行なっているのが「網様体賦活系」の働きである。

ちなみに脳は毎秒4億ビットといわれる膨大な情報を処理しているが、実際の意識に上がってくる情報はわずか0・000005％しかない。大半を無駄な情報と識別し、廃棄処理しているのが「網様体賦活系」の役割だ。

「網様体賦活系」のこの情報処理をわかりやすく例えてみよう。

あなたが所有する車（他の物でも構わないが）が古くなったので、買い替えを検討しているとする。欲しい車種の選定をし始めた途端に、希望する車種が異常に目に入らないだろうか。欲しい車種がやたら増えたという感じである。

実は、あなたが欲しいと感じる車の台数は以前と変わっていない。日常的に存在していたのだが、受け取る情報のなかで「無駄」というジャンルに選別され、廃棄処分されていただけである。つまり、目には見えていたのだが「網様体賦活系」というフィルターが不要情報として処理していたのである。

欲しい車種が急激に増えたのでもなく、偶然多くなったわけでもなく、あなた自身が注意を向けていなかっただけである。この注意力を意識すれば現実的になるという話が、ナポレオン・ヒル氏の『思考は現実化する』の重要なポイントである。

つまり、「網様体賦活系」の仕組みを知り、有効な使い方をするだけで、あなたが望む理想の未来像は現実化することが可能である。

脳を上手に使いこなす人は、この「網様体賦活系」の仕組みを自然に知っているだけである。特殊な能力を有しているわけでない。もちろん、あなたにも使いこなせる機能だから安心してほしい。

02

目的地を脳に刷り込んでこそ到達できる

「網様体賦活系」が情報の精査を行なっていることはわかったが、そもそもこの世に存在する情報には良し悪しは一切ない。いくら優れた情報であっても、あなたにとって必要でない情報は、すべて不要品でしかないのだ。

あなたが「野球」にまったく興味がない人であれば、プロ野球選手のボールの取り方やバットの振り方は不要な情報でしかない。必要な人にとっては宝物のような情報であっても、あなたには不要な情報は星の数ほど存在している。大切なのは、あなたが何を欲しているのか、何を望んでいるのかである。いくら良い情報でも、あなたの役に立たなければゴミ同然である。

いくら優秀な機械が目の前にあっても、電源がなければタダの鉄屑である。いくら優秀なコンピューターが目の前にあっても、使い方をまったく知らなければタダの飾り物である。

脳も同じで、いくら優秀な機能である「網様体賦活系」があっても、正しく設定しなければタダの情報処理機でしかなく、願望が叶うことはない。

ではどのように設定すればよいのだろうか。実は簡単なことである。

旅行に行くとき、目的地を決めずに出発するだろうか。行き先が未定の状態で、適当に飛行機に乗って出かけるだろうか。気の向くままの旅行も素敵だが、多くは行き先を設定した上で出発するはずだ。

車のカーナビを使わずに、走ったことのない道路を何時間も移動して目的地に正しく到着できるだろうか。いくら優れたカーナビを搭載していても、目的地を設定していなければ到達することは偶然以外あり得ない。

「網様体賦活系」という優れた機能を有していても、あなた自身が目指すべき目標やゴールをきちんと設定していないと、「網様体賦活系」が正しく働くことはない。

願望や目的を叶えたいならば、明確かつ強く思う目標を設定しなければならない。普段心の中で強く思うこと、つねに口に出す言葉は、自分自身の脳に何度も強い刷り込みを行なっている。

この行為は「網様体賦活系」という脳のカーナビに「ここが目的地だよ」と示しているのと同様の行為だ。

情報に良し悪しはないが、脳にインプットする目的地にも良し悪しはない。忠実な脳、優秀な「網様体賦活系」はあなたの指示どおり、「苦しい」と思えば思うほど、さらに苦しくなる情報だけを忠実に精査して、さらに苦しい状況になるように導いてしまうのだ。まさに「負の引き寄せの法則」である。


なぜこうなるのか。それはあなた自身が「負の目的地」を設定しているからだ。

現状を打開し、本当に望む未来に向かいたいのなら、正しい目的地をしっかりと設定しなければいけない。そのためには現状を把握し、理想の未来とのギャップも認識しなければいけない。

ただし、現状から未来へ向かう道中のルートやタスクは「網様体賦活系」という最強のカーナビに任せておこう。あなたにとって最も良いルートを検索してくれるはずだ。高速道路を使えば短時間で目的地に到達するが、もし事故で渋滞している場合には一般道のほうが有利になる。必ずしも高速道路を利用しなくても目的地にベストな状態で運んでくれるのがカーナビの役割である。

現状から未来へ向かう最適なルートやタスクはすべて「網様体賦活系」にお任せしよう。あなたが行なうべきは出発地点の現状把握と、目的地である目標やゴールの設定である。目的地が決まれば、余計な負の情報を刷り込むことは一切やめるべきである。

また、目的地は具体的かつ明確でなければならない。漠然と「旅行に行きたい」ではなく、「8月2日から1週間ワイキキのオーシャンビューのホテルに泊まる」といった具体的な設定が必要不可欠である。

目標が不明瞭だと、叶う可能性が著しく低くなる。家族や知人と食事に行くとき「何でもよい」と言う人と、はっきり「焼肉が食べたい」と言う人ではどちらが目標達成しやすいだろうか。もちろん後者であるのはいうまでもない。

つまり、本当に到達したいゴールは、明確かつ具体的に設定しなければ意味がない。漠然とした「お金持ちになりたい」「幸せになりたい」「恋人が欲しい」という不明瞭なゴールを設定すれば、いつまで経っても「網様体賦活系」が正しく機能してくれない。第三者が聞いても納得できるくらいの明確なゴール設定が肝心である。

より具体的に、より明確に設定したゴールを作成し、日々脳に刷り込まなければ目標達成は不可能である。

03

新しい脳細胞の形成が思考を作り替える

人間の脳は1000億個以上の神経細胞と、その10倍以上のグリア細胞から成り立っている。地球上の生命進化の最高傑作と称される、この脳を対象とした「脳科学」の分野には、世界中から非常に高い関心が寄せられている。

2000年には、アルビド・カールソン博士、ポール・グリーンガード博士、エリック・カンデル博士の3名の脳科学研究者にノーベル賞が授与されている。

ただし、「脳」のあまりに複雑な構造と多様すぎる機能ゆえに、「脳科学」は非常に幅広い学問領域となっている。

脳科学の研究は我々一般市民の任ではないので、すでに解明されている範囲での自己肯定感の高め方について、利用価値のある脳科学の分野からお話をさせていただく。

新しい脳細胞が思考を作り替える

脳には星の数ほどの神経細胞があるが、その役割は脳の中で信号を伝えることだ。神経細胞と神経細胞の間に「シナプス」と呼ばれるつなぎ目があり、非常に複雑な神経回路を形成している。

一つひとつのシナプスの大きさは1ミクロン程度で、神経細胞1個あたり1万個にも及ぶシナプスが存在している。このシナプスは寸分狂わず、正しい場所で、一定範囲の数とサイズで維持される。

ただし、このシナプスの数やサイズと伝達効率は、経験や刺激の種類に応じて柔軟に変化する。つまり、シナプスを作り替えることで脳の神経回路を作り替えることが可能なのだ。もっとわかりやすくいえば、新しいシナプスの形成は、思考や行動や情動まで変化させることが可能である。

新しいシナプスを形成できれば、自己肯定感が高まるのだ。まさに、脳細胞が人格をつくり、人生を左右するといっても過言ではないだろう。

脳科学は単純に心理学の延長線上にあるものではない。物理的な分野になるので「思い込み」や「思考」、そして「理想的な未来」まで科学的に作り替えることが可能だと実証されている。

心理学を利用した思考の大改造も不可能ではないが、想像以上に長い時間を要する。より短い時間で効率的に自己肯定感を高めるためには、脳細胞そのものの再形成が重要である。

ちなみに余談ではあるが、シナプスの再形成手法はパニック障害やトラウマの改善にも利用されている技術の1つである。

04

脳は一点集中処理が大原則

仕事をバリバリ片づける人を見ていると、大量の仕事を同時に並行処理しているように見える。しかし実際は、タスクの高速切り替えをしているだけで、世間でいわれる「マルチタスク」は脳科学の世界では存在しない。

結論からいえば、脳は「シングルタスク」しか処理できない。一度に大量の仕事を処理しているように見えても、高速でタスクを切り替えているに過ぎない。

複雑な計算や処理を行なうときは、脳の「前頭前野」という部分が使われる。この部分はコンピューターでいえばＣＰＵ（中央演算装置）にあたり、一度に１つの処理しかできないという特徴がある。

試しに、複雑な暗算を行ないながら同時に読書をしてみよう。読んだ本の内容が記憶に残るだろうか。計算は正しい答えになっているだろうか。そう、不可能である。

「前頭前野」はシングルタスク以外は処理できない構造になっている。それにもかかわらず、現代人の多くは一度に多くの仕事を片づけようと努力する。これは逆に気が散っていることを意味し、集中力が著しく落ちている状態である。この状態で最高のパフォーマンスが発揮されるはずがない。

では逆に、仕事でもプライベートでも趣味でも構わないが、何かに思いっきり没頭してしまい、時間の経過を忘れてしまった経験がないだろうか。

このように集中力が極まっているときは、必ずタスクは1つだということが理解できる。2つ以上のタスクを同時に進行しようとして「前頭前野」に多くの情報を入れると、脳内で干渉が起きて余計に効率が落ちる。仕事や作業で短時間に成果を出すためには、「シングルタスク」で目の前のタスクに没頭して処理する必要がある。

シングルタスクの話をすると、「音楽を聴きながら勉強している」「テレビを観ながら家のことをしている」と主張する人が時々いる。

しかしこれは「マルチタスク」とは異なる。意識を向けない状態でも同時進行が可能なものはタスクとは呼ばない。もし「音楽を聴きながら勉強している」という行為がマルチタスクだとするなら、初めて聴く曲の歌詞を覚えながら勉強してみてほしい。果たして同時に記憶に残るだろうか。もちろん実験する以前に答えは明確で不可能だ。

慣れた単純作業や「前頭前野」の処理を必要としない行為に関しては、従来のタスクと同時並行で進めることは可能である。

車の運転に不慣れな初心者は、助手席から話しかけられるだけでも迷惑なはずだ。しかし上達し、無意識下で運転できるようになると、会話をしながら車の運転が可能になる。この場合は会話に意識が向いて処理されている状態だ。だから、会話に夢中になりすぎて事故を起こしたり、曲がるべき道を間違えたりするのは、「前頭前野」がシングルタスクしか処理できないことの証拠といえる。

一点に集中するからこそ速くて正確

05

複数タスク厳禁のルール

「前頭前野」が一度に1つの処理しかできないことは説明したが、それでも「マルチタスク」が好きな人は後を絶たない。仕方なく同時に仕事を進行しなければいけないという理由が大半であるが、注意力が散漫になっている状態なので短時間で、大きな成果を出すことは困難である。

さらにショッキングなことに、最近の脳科学の研究によれば、頻繁なタスクの切り替えは脳にダメージを与えるといわれている。タスクの切り替えを頻繁に行なうと、記憶力や理解度の低下を促すとして危惧されている。つまり、脳が老化しやすくなるのだ。

マルチタスク処理は、周囲から見ると同時に仕事をバリバリ片づけているように見えてカッコ良いが、実は脳に大ダメージを与え、老化を加速させる愚行である。

頑張れば頑張るほどマルチタスクは効率を落とし、成果を著しく低下させる要因になるので極力使わないようにしよう。

どうしても同時にタスクを片づけなければならない心理に陥るのは、注意力や集中力の欠落が原因である。気が散っている証拠であり、この状態は良い成果を出せる態勢ではなく、いくら頑張っても「やっつけ仕事」程度の成果しか生まれない。一つひとつのタスクに集中できない場合には気分転換も重要である。

また、「堂々巡り」という言葉がある。頭の中で同じような思考を何度も繰り返し、少しも先へ進まないことを指す。もともとお寺のお堂の周りを回り続けたことからできた言葉だが、ゴールがないという特徴を持つ。いくら考えても時間ばかり浪費されるので、この堂々巡りは早期に処理しなければ、肝心のタスクが少しも片づかない。

堂々巡りは特に問題解決や悩みを抱える場合に発生しやすく、自分一人では解決困難な場合が多い。思い切って他人に相談するか、話だけでも聞いてもらうべきである。堂々巡りの状態のまま「前頭前野」に新しいタスクを入れても、タスクの切り替えが頻繁に起こるだけで思うような成果は出せない。

思考の迷路に迷い込んだときは、気持ちの切り替えを優先して行なうべきである。仕事の悩みであれば上司や同僚、相談できない内容であれば専門家に相談することをお勧めする。悩みを抱えた状態で仕事や作業に最高のパフォーマンスは発揮できない。脳を整理整頓して万全の態勢で臨むべきである。

06

脳はだらしない浮気者

マルチタスクがダメだとわかっていても、悲しいことに人間の本能が働く。本能というよりも脳の特徴でもあるが、新しいものに注意が向くという悪しき特徴だ。

人間は、新しい情報に触れると「アドレナリン」が分泌されて体内を駆け巡る。この状態を「快楽」と呼ぶ。人間の持つ本能として、新しいものが大好きなのだ。

脳は新しいものが入ると注意を向けてしまうという、どうしようもないほど「だらしない浮気者」である。

あなたの周りにも、実際に浮気者がいないだろうか。恋愛問題に限らない、八方美人的な性格の人が。このようなタイプの人間は、浮気が習慣化しているため改善が難しい。習

脳みそは八方美人で浮気者

慣というよりも日常化しているレベルだ。悪しき習慣が日常化してしまうと、矯正するために多くの時間と努力が必要になる。

脳も同じで、新しいものに注意を向ける習慣を日常化してしまうと、なかなか集中力を養えない。気が散りやすい状態を快楽と感じるので、没頭して作業を進めることができなくなる。

この状態では最高のパフォーマンスが発揮されるわけもなく、当然ながら得られる成果も低いもので終わる。いくら頑張って時間を使ってもタスクが片づかない人の大きな特徴の１つが、この浮気性な脳の勝手な行動を許していることである。

注意力を高め、集中力を増すには、自発的な意思を持って、新しい情報を遮断しなければばいけない。本能を制御するのは非常に難しい作業になるが、短時間でも構わないので集中するトレーニングが必要である。

入ってきた情報を後から排除するのは困難である。そのため、最初から入らない状況を作る必要がある。集中できる環境を構築し、自分自身も集中することに意識的に注意を向けなければならない。

周囲の環境に流されているだけでは、理想とする効率良い仕事は達成できない。気になるものは仕事を開始するまでに自分で排除しておくことを心掛けよう。

散らかったデスクの上で集中するのは困難だ。不要な物品を片づけ、集中時間に入る前に邪魔な雑用は処理するか、後回しにすべきである。

集中することが快楽だと脳が覚え込むまでは、徹底的にあなたが主導権を握って自分の脳を制御しなければならない。

本能のままに快楽を得ていては、動物と何ら変わりはない。あなたは優秀であり、最高の機能を発揮する脳を持ち合わせているのだ。この素晴らしい機能を宝の持ち腐れにしてはいけない。

07

一点に集中してこそ最大の効果が発揮できる

脳の持つ特性について見てきたが、無駄な情報を入れずに、有意義かつポジティブな情報が必要であることがおわかりいただけただろうか。

普段何気なく発したり、思考したりするネガティブなイメージは、自分自身の脳への刷り込みになり、一層ネガティブなものを引き寄せやすくなる。

脳が持つフィルタリング機能が今の自分に大きな影響を及ぼしていることが理解できたら、次の一歩へと進もう。

余計な情報はすべて断捨離すべし

無駄な情報、マイナスな情報、ネガティブな思想は誰にでもある。人間は本来、生物としての危機管理能力を備えている。

現代でこそあり得ない状況ではあるが、森を歩いていて突然猛獣に出会った場合は、当然だが逃げなければ餌食になってしまう。この危険に際して瞬時に判断を下しているのも脳であり、判断を下す以前から危険を察知するように「ネガティブに思考する」回路が働いている。ネガティブな思考がなければ、つねにあなたを危険に晒《さら》すことになるからだ。

良いことであろうが、悪いことであろうが、習慣化していることは命の危険を感じない心地良い状態だと脳は判断している。

つまり、どんなに悪い習慣でも、命に直結するほどの危機を感じない限りは、脳は現状維持を最適な状況だと判断し、その状況から変化することを嫌う。変化することに対してネガティブなイメージを発し、現状を維持させようとするのだ。

いくら良い習慣でも現状を変えようとすると、意識的に現状から抜け出す努力が必要になる。

習慣化には66日が必要だ。脳にとって、この期間が最も苦しい試練の期間である。この習慣の日数を支配すれば、あなたにも良い習慣が身に付き、未来を大きく変えることができるだろう。タバコをやめたい、ダイエットがしたい、ランニングを始めたいという目標も、この66日間の習慣が定着すれば楽になる。習慣化するまでがすべての勝負である。

とはいえ、人間は生まれつきネガティブな思考を動物的本能として宿している。この思考をポジティブに変えるためには、相当な努力が必要だ。思考の変換で最も簡単で、かつ安価に実践できるのが「メモ」の活用だ。

メモには様々な効能があり、ぜひとも人生の変革の第一歩として、安価なもので構わないので、普段使うメモとは別の願望実現用のメモを用意していただきたい。これも一種の自己投資である。特に高額なものは不要である。

自由に記載できれば大きさも形も特に決まりはない。自分の好みで用意していただければ結構である。

メモの活用としては、まず脳内に浮かんでくるネガティブな情報を書き出すことだ。堂々巡りの話をしたが、思考を脳の中だけで巡らせるといつまでも回答が出ない。悩みや問題はすぐに解決策に到達することができないので、肝心なタスク処理の機能が著しく低下してしまう。前頭前野にフルパワーで働いてもらうには、余計な情報はすべて断捨離する必要がある。

そこで【メモ】の登場である。

メモを活用して、悩みや問題等のネガティブなものをすべて書き出してほしい。いったんメモに書き出すと脳の思考から離れることができる。たったこれだけの作業で脳はクリーンな状態になり、集中してシングルタスク処理に専念できるようになる。

不安やネガティブな思考だけでなく、雑念が湧いて集中力が途切れたときは、ぜひともメモに書き出す習慣を実践していただきたい。

メモの書き方に関しては特に指定はない。あなたが書きやすいように、箇条書きでも文章でも構わない。実践することが大切である。思っている以上にメモは役に立つので、すぐに実行していただきたい。

08 人間が持つ一定のリズムを把握する

脳が持つ特徴をお話ししてきたが、脳には最適な時間サイクルが存在している。わかりやすい例から説明しよう。

小学校の授業の時間を覚えているだろうか。40分が1つの授業のサイクルである。中学校や高校は50分サイクルで、大学は基本的に90分か１２０分である。この時間のサイクルは、人間が集中しやすいリズムを形成しているために採用されている時間配分だ。

人間は最小単位として15分の集中しやすいリズムを持つといわれている。高い集中力を発揮できるのは10分程度で、頑張っても15分が限界といわれている。

多くのテレビ番組や映画、オーケストラの演奏でもこの15分を1つの区切りとして集中と休憩を繰り返している。

人気番組を見ながら時間を計測すれば、そのリズムが掴めるはずだ。2時間近い映画やテレビドラマでも15分単位で緩急が入れ替わる。テレビの場合はコマーシャルが入るので判断しやすいだろう。

学校の授業のサイクルに話を戻すと、15分の倍数である45分前後が基準になっていることがわかるだろうか。

15分サイクルのなかに少し雑談や笑いを入れるだけで、45分前後の授業に集中して臨める態勢になる。そしてこの2倍の90分が、人間の集中できる限界だといわれている。ラグビーの場合は40分の前半と後半で80分、サッカーでは45分の前半と後半で90分が公式な試合時間だ。

このサイクルはどんな人にでも備わる体内時計である。ちなみに眠りの周期もこの体内時計に支配され、多少の個人差はあるが約90分サイクルでレム睡眠とノンレム睡眠が繰り返されている。どんなに長時間眠っても疲れが取れないと感じる場合、この90分のリズムから逸脱した時間に起きている可能性がある。

良質な眠りを確保したいなら、この90分サイクルで眠りの時間を調整しよう。起きる時間から逆算して、90分サイクルの倍数の時間に眠ると理想的な睡眠が得られる。

眠りのサイクルは90分だが、集中に影響する単位は15分だ。そして、緩急を付けることで45分と90分の集中時間を確保することができる。

15分、45分、90分が集中における体内時計の基準だと覚えておいてほしい。この時間を意識した集中力の確保が重要である。

集中だけを連続して持続することは不可能で、集中した後は必ず完全な休憩を取り入れなければならない。脳も体もリフレッシュすることで再び集中力を取り戻し、最高のパフォーマンスが発揮できるようになる。

ダラダラと長時間作業するよりも、この体内時計のサイクルを活かした時間管理が超集中力を生み出す原動力となる。

まず大切なのはこの体内時計のサイクルを知り、あなたが集中できる自分自身のサイクルを見つけ出すことだ。

15分が限界なのか、45分は集中できるのか、90分でも頑張れるのかを見極めなければ先に進めない。無理に90分に挑戦するのが最良の策というわけではなく、自分のサイクルを見つけ出し、活用することが肝心である。

09

起床後の180分が超集中タイム

「先行逃げ切り」という言葉がある。競馬等のレースの世界でよく用いられる言葉だが、決してギャンブル専門の用語ではない。

勉強や仕事にも通じる意味があり、時間を先取りすることによって他人よりもできている、進んでいるという状況を作り出しておく意味を持つ。

わかりやすくいえば、ライバルたちよりも先に着手して早くゴールに到達しやすい状況を作ることである。

普段のあなたの生活を振り返ってほしい。朝起きてから出社して仕事を開始するまで、どのような準備をしているだろうか。

十分な睡眠時間を確保し、前日の疲労をすべて回復してから臨んでいるだろうか。

しっかりと朝食を摂り、エネルギーは満タンの状態で臨んでいるだろうか。朝一番から最も難しい問題に取り組んでも大丈夫なように、頭は完全リフレッシュできた状態だろうか。そして何より「さあやるぞ」と気合い十分な、燃える闘志を持っているだろうか。乗り切るだけの体力も十分だろうか。

「先行逃げ切り」で一気にゴールに到達するためには、スタートダッシュが肝心である。最初の一歩目にモタモタしているようでは、いつゴールに到達するのかさえ不明だ。

スタートからつまづき、午前中に予定していた処理を終わらせることができず、午後から疲労困憊《こんぱい》状態で仕事に追われていては、いつ仕事が終わるのか、いつ帰宅できるのかさえもわからない。

ゴールの見えないレースほど辛いものはない。仮に「定時に帰宅する」という目標を掲げたのであれば、スタートダッシュこそ勝負の別れ目である。

脳も体も、起床後が最もクリーンな状態であり、フルパワーになっている。もちろん十分な睡眠を確保した場合の話なので、睡眠不足は絶対にあってはならない。十分な睡眠を取り、脳の整理と回復ができた状態で朝目を覚まし、万全な状態から1日をスタートする。

しかし目覚めた直後の脳はフルパワーではないので、スタートダッシュのために完全に脳を目覚めさせる必要がある。エネルギー切れはもちろん脳の働きを阻害するため、しっかり朝食を摂取すべきだ。

また、目覚めのシャワーもオススメである。やや温度を低めにしたシャワーを浴びると一気に体も脳も目覚める。十分な日光を浴び、体を芯から目覚めさせなければならない。始業までの時間に不安材料はメモに書き出し、準備万端の状態でスタートダッシュに備えよう。

ちなみに脳は目覚めた後の3時間が最も高い処理能力を発揮する。睡眠によってリフレッシュされ、フルパワーを発揮できるからだ。疲れと雑念が増える午後よりも、午前中にこそ難しいタスクを処理すべきである。

起床後3時間が勝負時だと肝に銘じて、仕事のスタートダッシュに備えていただきたい。この3時間がその日の勝負を支配する最高の時間帯であり、1日の結果を左右する最も重要なポイントである。

10 イメージトレーニングで脳を騙せ

脳は非常に優れた機能を多く有し、生物史上最強のパフォーマンスを発揮する器官である。使い方を熟知すれば、どんな不可能でも乗り越えていきそうな完全無欠なものだと思われがちだが、実は間抜けな部分もある。

完全・完璧主義の人がちょっと羽目を外すと、愛嬌のようなものを感じることはないだろうか。脳も完全で完璧なものではなく、少しお人好しなのか、騙《だま》されやすいという面白い性質を持つ。

こんな経験はないだろうか。夢の中で階段から落ちそうになって、ガクッと体が動いて目が覚めたことが。現実には階段から落ちてはいないが、夢の中で脳が「落ちる」と判断したために起きた生理現象の一種である。

脳は現実と非現実の区別ができない。最近の映画は立体的なものが増え、見ているだけでリアルな世界と錯覚してしまうものも存在する。

映画の世界のように、脳は現実に起きていることとバーチャルな出来事を正しく判別することができない。悪いネガティブな情報を何度も刷り込むと「現実」として受け入れる性質がある反面、良いポジティブな刷り込みを行なえば脳を上手に騙すことができる。

心理学や脳科学の世界に「ピグマリオン効果」というものがある。これは、ローゼンタールとフォードが1963年に行なった実験で、期待度の違いが実験結果に反映されたというものだ。他人から期待されることによって、成果や成績が向上する現象を実証したものである。

リーダーとしての素質を持たない人が、クラスのなかで強引にリーダーとして選出されると、その人は徐々にリーダーとして頭角を表すようになる。これはまさに脳に対して周囲の環境が刷り込みを行なった結果、リーダーとして変化していく心理効果である。

逆にゴーレム効果という反対の刷り込みもある。こちらは、他者から期待されないことによって成果や成績が低下する現象である。つまり、脳は正しく騙したほうが勝ちなのである。

周囲が期待しようがしまいが、自分で自身の脳に正しい刷り込みを行なわなければいけない。

お金や恋愛を引き寄せたいと思うとき、アファーメーションが必要だと聞いたことはないだろうか。「アファーメーション」とは自分自身に対する「肯定的な宣言」を意味し、何度も繰り返して脳に刷り込むことにより、潜在意識下に認識させて現実化を狙う行為だ。ただし先ほど、脳は本来ネガティブな思考を主体的に持っている器官だと話した。このネガティブ思考を乗り越えてアファーメーションを刷り込まないと、どんなに繰り返しても単なる呪文にしかならない。

この世は魔法が使える世界ではないので、いくら呪文を唱えてもホウキが空を飛ぶことはない。アファーメーションを有意義に活用して現実化させるためには、事前の準備が必要になる。詳しくは後述するが、脳は正しく騙して利用する必要があることをしっかり覚えておいてほしい。

11

自己肯定感が低いと何をやっても続かない

高い能力や才能を有しているが、どうも実力を思うように発揮できない人がいる。「頑張れば乗り越えられる」「努力が足りないから成果が出ない」そう自分に何度も繰り返して言い聞かせ、立ちはだかる苦難に向かってひたすら走り続けるが、苦難の壁は越えても、越えても、なお迫り来る。やがて疲れ果て、努力を続けることの意味を見失ってしまう。世にいう「バーンアウト（燃え尽き症候群）」である。

辛い仕事が原因で起こる症候群の一種で、心身のエネルギーを喪失し、快適だったはずが急に労働意欲をなくしてしまい何もやる気が起こらなくなる状態を指す。

真面目で熱心な人ほどなりやすい心の病であり、「疲れ果てる」「無気力になる」「手抜きをする」「欠勤をする」といった症状が現れ始めると完全なイエローカードである。

そのまま放置するとさらに進行して「うつ病」や「パニック障害」を引き起こす危険性があるので、諸症状を感じる場合には早めの医療的対処が必要である。

バーンアウトを引き起こす要因の1つが「自己肯定感」の低さである。どんなにすごいノウハウやメソッドでも、この自己肯定感が低いと上手に使いこなすことができない。

車の運転は初心者には難しい作業だが、日常的に運転を行なっていれば自然と上達するものだ。とはいえ、最初から高い運転技術を持つ人はいない。

しかし「運転が苦手」「怖いから」といっていつまでも運転を行なわなければ上達するはずがない。「自分は運転に向かない」「運転が下手くそだ」と思い込み、つねに自己肯定感の低い状態で運転していても、技術が高まるはずがない。

ノウハウや道具を十分に使いこなせるという自己肯定感が最初に必要だ。「できない」「苦手だ」という思考は単なる思い込みの一種である。

この思い込みは現実のものではなく、単純に脳に描かれている空想の一部に過ぎない。脳には現実と非現実の区別ができないとお伝えしたが、何度も非現実の思い込みを擦り込むたびに、できないことが現実になっていく。

ノウハウの概要を覚える前に、まずは自己肯定感を高めることを大切にしてほしい。あなたは変われるのだ、大きく飛躍するのだ。

12

自己肯定感を変えればすべてがうまく回り出す

願望を実現したり理想の未来を手に入れたりするためには、自己肯定感が必要不可欠である。もし現在、あなたの自己肯定感が低空飛行状態であれば、日常的に意識して自己肯定感を高めるようにしなければならない。

慣れないうちは大変だが、最初の習慣付けまで実践できれば、後は自動的に自分を高めていくことが容易になる。

自己肯定感が高まればどんなノウハウも習得可能だ。もちろんノウハウの習得だけではない、あなたにとって様々なメリットが訪れるであろう。

自分が大きく成長するための最も大切なマインドが自己肯定感である。

建物も基礎がなければ建てられないが、この基礎の部分が自己肯定感に該当する。しっかりとした自己肯定感を築かなければ、上にいくら素晴らしいノウハウという建築物を構築しても崩壊してしまう危険性がある。確固たる頑丈な自己肯定感の基礎を作り上げてほしい。

この世の中に「失敗」は存在しない。多くの人が恐れを抱く「失敗」は、実は現実に起こっていない妄想に過ぎない。

不安や恐れも同じだが、現実に目の前に牙を向いた猛獣がいるわけでもなく、頭の中だけで描かれている空想の1つに過ぎない。真の失敗とは、諦めることである。諦めなければ、どんな夢も願望もいつかは叶うものである。

電球を発明した偉人を多くの人はご存知だろう。そう、かの有名なトーマス・エジソンだ。発明王としても有名だが、彼は後に世界最大の総合電機メーカーであるゼネラル・エレクトリックを設立した偉大な人物の一人だ。

彼の最も有名な発明が「白熱電球」である。当時の照明は、ガス灯やアーク灯が主流だった。アーク灯は不安定で家庭用には不向きであった。

白熱電球は電気を通すことで電球内のフィラメントが高温になり、それが光ることで明かりを灯す原理だ。エジソンが研究していた当時には、同じような発明家や研究家が長時間使える白熱電球を日夜探し求めていた。

当時使われていたフィラメントはすぐ燃えてしまうため、長時間明かりを灯すことが難しく、実用化まで辿り着けずに失敗を繰り返していた。しかしエジソンは日本の竹を使うことで強いフィラメントを作ることに成功し、遂に悲願の長時間使える白熱電球がこの世に誕生した。

偉大な発明王エジソンの残した有名な言葉がある。

「私は失敗したことがない。ただ、1万通りの、うまくいかない方法を見つけただけだ」

彼が示すように、この世に失敗は存在しない。諦めるか、諦めずに続けるのかだけの差である。遅咲きといわれる俳優や歌手の多くも、同じように諦めないことの重要性を説く。自己肯定感が低いままでは諦めることを優先しがちだが、自己肯定感が高まれば自分自身を信用し、そして自分の持つ能力や可能性、志や夢も強く信じることができるようになる。

あなたには、あなたにしかできないものがある。あなたにしか叶えられない素晴らしいものがある。自分を信じ、自分を認め、自分をしっかりと肯定して、新しい人生を切り開いていただきたい。

第4章

邪魔なモノを捨てる

【不要行為をいかに排除するかで成否は決まる】

01 集中を邪魔する雑音と幻を排除する

どのようなスポーツでも、必ず事前に行なう準備体操やウォーミングアップがある。いきなり本格的な競技に入ると体を痛めてしまう危険性があるからだ。

これはノウハウも同じである。ノウハウを利用する前には「準備」が必要だ。不要品を整理整頓し、新しいノウハウを活用する準備をしなければいけない。

そのためにはまず不要品や不要行為の排除から始めなければならない。不要品でいっぱいの部屋に、新しいテーブルを購入しても配置できない。まずは整理整頓からスタートである。

第1章で簡単なワークとして「1日の行動をメモに記録する」ことを実践していただいたが、振り返ってみてどのように感じただろうか。まだ自分自身の1日の行動を振り返っていないなら、早急に取り組んでほしい。

問題解決の秘訣は、何よりもまず「原因」を知ることだ。原因がわからないと解決策を講じられない。問題究明を先延ばしにすればするほど、解決も遅れてしまう。

自分の行動を振り返り、実際の仕事ぶりをじっくり見直してみてどうだろうか。多くの人が同じようなことをいうが、周囲の邪魔が圧倒的に多いことがわかる。大きな成果を生みそうにない事務的な会議、急ぎでもない電話、緊急を要さないメールの山、上司や同僚からの雑談や相談、不意な来客等々。

本来やるべき業務が目の前にあるにもかかわらず、その遂行を阻止しようと立ちはだかる雑音と幻の多さに驚くだろう。

雑音や幻とは大架裟《おおげさ》な表現かもしれないが、少なくとも社内での雑談が就業時間内に行う業務とは、就業規定には書かれていないはずだ。

その他大勢的な余計な雑務に時間を取られているからこそ、本来行なうべき業務を前に進めにくいことがおわかりいただけただろうか。

話は少し逸れるが、日本とアメリカのオフィス形式の違いをご存知だろうか。日本のオフィスの大半は、オープンフロアに仕切りなしのデスクがズラッと並ぶ、通称「島」と呼ばれるスタイルが一般的だ。フロア全体が見渡せる反面、プライバシーもなく、邪魔が入りやすい環境といえる。

日本と異なり、アメリカ式のオフィス環境は、オープンフロアであっても背丈ほどの仕切りのあるキュービクルが基本である。

プライバシーが保たれ、同時に仕事に専念しやすい環境だ。

ニュースや記事にもなり、有名になった日本の某ラーメン店では、食べることに専念するため隣席との間に仕切り壁が設けられている。原則として私語禁止で、ラーメンを堪能することに集中してもらうための工夫だ。

これはどんなことにも通じるが、集中できる環境とそうでない環境とでは成果は大きく異なる。日本のオフィススタイルや職場の環境は、管理者側に都合の良い形式になっていることが多い。成果を出すことよりも管理重視というスタイルだ。

しかし本当に会社のために業績を上げ、従業員に100％の力で仕事に集中してもらって大きな成果を出すには、職場にも大きな工夫と努力が必要である。

02

大半のモノは無価値であると知る

現代人の多くが抱える「労働と時間」「作業効率」問題の闇は実に深い。今すぐにでも短時間で大きな仕事の成果を出していただきたいところだが、まずは問題が解決したときのメリットを理解しておくことが重要になる。

目標設定や願望実現の世界だけでなく、通常の業務でも重要視されるが、現状と目標がしっかり把握できていないと目標達成は困難になる。

特に「現状」に抱え込んでしまっている不要品や不要行為をしっかりと見定め、捨てることが重要となる。なぜ不要品を所有してしまうのか、なぜ捨てられないのかを理解し、邪魔なものはすぐに排除しよう。

まず、心理学でいわれる「保有効果」について説明したい。あなたの日常生活を思い出してほしい。クローゼットや押入、デスクの引出しに不要な物が多数混在していないだろうか。

クローゼットの中でいえば、もう数年も着ていない服のことだ。いつかまた着るだろうと思い、ハンガーに掛かったままになっているが、実際は何年も着ていない状態だ。長い年月が経過しているので、当然デザインも古い。「いつか着るかも」という気持ちで保有し続け、また別の服を追加購入して数が増え、クローゼットを圧迫していないだろうか。

人間は自分の持っている物の価値を高く見積もる習性と傾向がある。通常の第三者目線なら1万円の価値の物を、自分の保有物であれば2万円くらいと思い込むのだ。これを「保有効果」というが、実際には1万円の価値しかない。保有することによって価値を過大評価し、手放すことに大きな抵抗を感じるのだ。

この繰り返しがクローゼットの服の増加につながるわけだが、決して服だけの問題ではない。身の周りを見渡すと、他人から見れば不要な物が溢れていないだろうか。

1シーズンまったく着ない服は処分すべきである。捨てることに抵抗があるならば、リサイクルショップに出して環境問題に貢献しようではないか。服だけでなく、身の周りには不要品が多く、価値を有していないことを理解しなければならない。

言葉や表現こそ異なれど、有名な世界的コンサルタントや起業支援家も「この世のほとんどのモノは実は無価値であり、少数の価値ある物が大きな影響を持つ」と唱えている。クローゼットの中でいえば、あなたが普段利用している服こそが少数だが価値のあるものだ。この世のすべてにおいて「必要なもの」と「不要なもの」が混在していることを理解しておこう。

これは物品だけの話ではなく、時間活用も同様である。「必要な時間と不要な時間」「必要な仕事と不要な仕事」「必要な作業と不要な作業」「必要なつきあいと不要なつきあい」が混在している。今すぐにこの2つを分類して、不要なほうを捨てることが大切になる。

ただし、急激な環境変化に抵抗を感じる人もいるので、まずは2種類を選別する目を養おう。すべての事象や物品に対して、本当に必要か否か、価値があるか否かを冷静に見直してみるべきである。

03

時間配分の黄金比「20：80の法則」を活用する

「パレートの法則」をご存知だろうか。別名「20：80の法則」「2割8割の法則」とも呼ばれる。

ビジネスやマーケティングの世界では多用される法則の1つだが、2割の要素が全体の8割を生み出しているという原理である。

イタリアの経済学者ヴィルフレド・パレートによって提唱された法則で、ビジネスで例えると「全商品の上位2割が8割の売上を上げる」「2割の顧客が8割の売り上げに貢献している」と表現されることが多い。

実生活のなかでもっとわかりやすい例えを出してみよう。

「人口の8割は2割の面積しかない都市圏に集中して住んでいる」「住民税の8割は、2割の富裕層によって納められている」「世界の富の8割は2割の富裕層が保有している」ということだ。重要なものは上位2割に集中し、8割は不要品である。

目の前に広がる仕事や作業・タスクも、実は8割が不要品である。あなたの社内にもないだろうか、意味不明だが書かなければいけない書類、参加意義が不明な会議、目的不明の飲み会やゴルフ等のつきあい。当たり前になっている日常のなかに、本当に大切なものはわずか2割しか存在していない。

あなたが働くことによって会社に大きな利益をもたらしている作業も、実はわずか2割程度で、残り8割は不要作業か雑用である。

もしこの上位2割のみに集中して仕事が行なえる環境であれば、従来の2割の作業時間しか要らないわけだ。

残業を含めて1日10時間の労働を行なっている人なら、わずか2時間で仕事が終わる計算になる。理屈どおりにはいかないとして、話半分としても4時間もあれば十分に従来の作業を終わらせることが可能である。

上位2割に集中し、さらに重要作業のみに割く時間を倍にできれば、業績は4倍に飛躍することになる。

労働生産性を向上させるには、不要作業の選別を行ない、上位2割の重要な業務を優先的に処理する必要がある。8割の不要作業や雑用は、あなたの集中力を拡散させ、一度に複数のタスクを処理しなければいけない劣悪環境を生み出す。最優先すべき上位2割の仕事や作業に専念できれば、どれだけ効率が上がるだろうか。

とはいえ現実には、下位8割の業務をすべて捨てることは難しい。会議をゼロにするのは無理があるだろうし、明日から社内書類のすべてをなくすこともおそらくできないだろう。

ただし、作業効率を上げる上で大切なポイントは、上位2割を優先して処理しなければいけないということだ。

あなたを悩ませる「時間の問題」は、優先すべき作業順序を見直すだけで、大きく変わる可能性を秘めていることを理解してほしい。

04 捨てられる作業はすべて捨てる

優先順位と同等に、作業を効率化するために必要なことがある。

不要なものを排除し、作業効率を高められる環境を構築することである。早い話が、整理整頓の勧めだ。

あなたが普段作業をしているデスクや作業環境を見てみよう。不要なものがデスクの上に置かれていないだろうか。

パソコンでいえば、デスクトップ上に星の数のようなアイコンが並んでいないだろうか。物や情報が溢れ返っている状態のなかで、効率よく作業がはかどるはずはない。片づけが苦手な人ほど、仕事や作業の効率は悪い。

作業できるスペースが十分に確保されず、限られた空間のみで処理をしなければならないために、効率が格段に悪いからだ。十分な作業スペースを確保し、時間的にも余裕を持った計画を立てなければ良い成果を生み出すことは困難である。

たとえばあなたが自宅のリビング用に新しいソファーを購入したとしよう。散らかったままの状態で、かつ古いソファーが置かれたまま、新しいソファーが届けばどのようになるだろうか。

どんなに高価なソファーを購入したとしても、物が溢れ返って散乱した状態のなかで快適だと思えるだろうか。

解決策は簡単だ。

古いソファーを先に処分し、不要品を整理整頓して綺麗に掃除をしてから新しいソファーを搬入して設置するだけだ。

実に簡単なことで、子供でも理解できるような内容だが、不思議と大の大人が不得意であったりする。

日常の仕事の環境のなかで整理整頓の習慣がないので、優先順位と片づける作業が抜けてしまっているからだ。

仕事も同じように、部屋を片づける前と同様に、心や脳内を整理整頓しなければいけない。頭の中が不要品で散乱している状態のまま、新しい作業やタスクを入れてはいけない。不要品で溢れ返った思考回路はやがて処理困難状態に陥り、注意散漫な状態でタスク処理を行なわなければならないことになる。

部屋も脳内も整理整頓を最優先に実行すべきである。不要な情報や思考・雑念を捨て、重要なタスクに集中できる脳内のスペースを確保しなければいけない。

以前、「断捨離《だんしゃり》」という言葉が流行したが、まさに脳内の不要品もどんどん断捨離すべきである。つねに思考回路がフルパワーで本領発揮できる状態を作り上げておかなければならない。

仕事の成果が大きい人ほど、デスクも思考もしっかりと整理されているものだ。思考の整理が苦手と感じるなら、自分のデスクや作業環境の整理整頓から始めてみるのがよい。不要なメモ用紙や書類、筆記用具が散乱していないだろうか。片づけなくして、作業効率の向上はあり得ない。

05

自分では気づかない雑用を捨てる

重要な2割に集中し、8割の不要品を処分、もしくは後回しにするのが重要である。とはいえ、急に昨日までの仕事の8割を捨て去ることは現実問題として不可能である。

仕事やタスクを捨て去る前に、あなた自身が「雑用」に振り回されない体質を作り上げることが最優先課題である。

先述したように、人間はどんな困難なことでも、66日間続けると習慣化する。良いものでも悪しきものでも関係なく、継続すれば習慣化してしまうのだ。

短時間で爆発的な成果を出すには、その原動力となる「集中力」と「整理整頓」を行なわなければならない。

単純にノウハウだけを実行しても、三日坊主で終わってしまえば、また元の鞘に戻るだけの無駄な努力に過ぎない。確実に自らのスキルとして身に付けるためにも習慣化を重視してもらいたい。

特に不要品の処分は、仕事だけでなく生活の上でも役に立つ。貧しい生活をする人ほど、不要品を溜め込む習性がある。物を大切に使うのは尊い思想だが、不要品を捨てられないのは異常な習慣である。

豊かになりたい、お金持ちになりたいという願望があるならば、まず不要品の処分が重要だ。再生可能な物であればリサイクルショップで処分し、寄付できる物であれば寄付も良い行動だ。不要品を溜め込むことは、経済やエネルギーの循環から考えても非効率である。使わないものは処分し、必要なものはメンテナンスして長く使う。まさにこれが物を大切にするという正しい姿勢だ。

捨てる、断捨離する行為は、物だけではない。仕事やプライベートでも、雑用に振り回された経験はないだろうか。家族や近所の住人、知人や友人の無駄話につきあわされていないだろうか。これは意味があるのか、と思わず問いたくなるような雑用を安請け合いしていないだろうか。

人は皆良い顔をしたがる生き物ではあるが、不要なものや気が乗らないものは極力「ノー」を告げて回避すべきである。

雑用をつねに安請け合いしていると、あなたの価値自体がどんどん安いものになる。物を片づければ豊かさが循環しやすくなるように、雑用や不要な作業を捨てるほどに効率は上がり大きな成果を得やすい状態になる。

大きな成果の獲得を望むならば、第一歩目はあなた自身のデスクや部屋を綺麗に整理整頓しよう。そして綺麗に片づいたら、普段から不要品を溜め込んだり、置いたりしないように心掛けるべきである。

何が無駄で、何が必要な物か、しっかりと見極める訓練を日常から始めよう。片づけるという習慣の定着が大切である。

06

オンとオフの切り替えでメンタルを鍛える

デキる人ほど仕事と遊びの切り替えが上手である。これはシングルタスクを実行して脳の処理を効率的に行なっている証拠でもある。逆に切り替えの下手な人は仕事もプライベートも充実していない。

脳をつねに健康に保つためには、様々な事象に対してオンオフの切り替えが重要になる。仕事とプライベートの関係ならまだしも、仕事と悩みの切り替えになると非常に厄介である。特に「悩み」は脳に悪影響を及ぼし、集中力の欠落につながるため要注意だ。

人間は誰しも「問題」を抱えて生きている。いくら経済的に豊かになっても「問題」は消え去ることがない。稼げば稼ぐほど税金や資産の相続に関する問題が発生する。

「贅沢《ぜいたく》だ」と思うかもしれないが、「問題」は生きている限り永遠になくなることはない。

むしろ生きている限り「問題」は発生するものであり、生きている証といえよう。

ところがこの「問題」に対してどの角度から見るかで、人生の結果は大きく異なる。「問題」は所詮「出来事」の1つに過ぎず、自分という視点から一方的かつ利己主義的に見ているだけである。

「雨が降る」という出来事は誰から見ても同じだが、憂鬱《ゆううつ》に感じる人もいれば、逆に雨が降ることに幸福を感じる人もいる。

干ばつに悩む国で降る雨は、神の恵みそのものだが、通勤が大変だと嘆く人もいる。しかし「雨が降る」という出来事に何ら変わりはない。起こる出来事を「問題」として勝手に認識しているだけである。

「問題」が起こるのは構わないのだが、この「問題」に対して不安を増強し「悩み」にしてしまうと厄介だ。「問題＝悩み」ではない。

苦難を乗り越えて人生を切り開いていくタイプの人間は「問題」を「超えるべきハードル」として捉え、ハードルを乗り越えるために努力を惜しまない。

一方で「問題」に恐怖し、不安ばかり持っていると「悩み」に変わってしまう。「問題」

頭の切り替えで気分も変わる

は誰にでも起こるものだが、捉え方一つで人生は大きく変化してしまう。

心に「悩み」を抱えたままでは、良い仕事もできないし、最高のパフォーマンスも発揮できない。精神的な安定があってこそフルパワーで頑張れるのが人間だ。

「悩み」を抱えて頭の中で考え続けることは負のスパイラルを招く。生まれつき「心配性」の性格の人もいるが、意識的に「悩み」を単なる「問題」として捉え直さなければいけない。心の矯正が必要だ。

「悩み」を感じたときは、ぜひともメモを活用してほしい。ゆっくり自分と向き合う時間を確保し、メモと対話をしてもらいたい。

悩みのポイントや、なぜ悩んでいるのかを

しっかりと文字に書き出してほしい。悩みについて深く、深く考えていくのだ。手書きの文字が重要な意味はすでにお伝えしたが、メモを利用して悩みを書き出すことで、誰かと対話しているように感じる。自分で自分の潜在的な気持ちと会話している状態になるからだ。

一つひとつの悩みを浮き彫りにし、単純に「問題」へと戻さなければいけない。「問題」はイコール「出来事」「妄想」である。問題は徹底的に細分化するとよい。小さくすればどんな問題も解決が可能になる。

悩みを抱え、脳のオンオフの切り替えが難しいと感じるときは、一人でじっくりメモと向き合ってほしい。慣れてくれば次第にメンタルの強化にもつながるので便利な手法である。

さあ、これで準備体操は終了である。いよいよ次章より実践編に入る。限られた時間で最高のパフォーマンスを発揮し、効率的に仕事を終わらせて自由な時間を謳歌《おうか》しようではないか。

まずは徹底して現時点の不要品を排除し、万全の態勢で臨んでいただきたい。

第5章

優先順位と時間配分

【短い時間を有効に活用し最大の成果を得る】

01 従来を捨て新しい考えを作る

本章では、いよいよ時間を最大限に活かして仕事の効率化を実践していく。お伝えする内容のなかには、すでに聞いたことがある事例も含まれているかもしれない。しかし、これだけはハッキリと覚えておいていただきたい。

「知っている」と「できる」は異なる。知識だけでは何の役にも立たない。実践してこそノウハウは意味を持つ。すでに知っていることも、新しく知ることもすべて含めて、必ず実践に活かしていただきたい。

限られた時間を最大限に活用するためには、まず脳の基本的な機能を知っておかなければならない。

第3章でもお話ししたが、さらに追記も含めて実践するべき項目として、従来の考え方を捨て、脳の神経系回路を新しく作り替える必要性を理解していただきたい。

効率が低いまま作業させた脳では、目標達成まで非常に長い時間を要する。短時間で大きな成果を生み出すためにも、「できない」という誤認識を持っている脳を大改造しなければならない。

これは表面的なリフォームではなく、構造自体を作り替える大掛かりな改修工事である。構造を変えるのだから、まずはあなたの脳の構造や思考がどのようになっているのかを理解しなければいけない。

脳には「左脳」と「右脳」がある。聞いたことがあるだろうが、左脳は主に計算や論理的な処理を、右脳はイメージや直感を処理するといわれてきた。

しかし実際には右脳と左脳といった区別は存在せず、単なる神話に過ぎないとする説もある。未だ解明されていない脳の不思議の1つではあるが、大切なのは脳の構造以上に、「右脳的思考」と「左脳的思考」をどのように理解して使い分けるのかということである。

「左脳的思考」とは理論やロジックを重視し、「右脳的思考」とは感覚・感情・直感・勘等のロジックでは説明できない「ひらめき」「思いつき」を指す。面白いアイデアがひらめいたとき、そのまま企画や事業計画にするのは当然無理がある。ターゲットとなる市場を調査する必要もあり、採算性や生産性等の問題も加わってくる。

このように説明すると、右脳的思考でひらめきを出してから左脳的思考で処理すると素晴らしい企画ができ上がるように思える。しかし実際には、このとおりの順番である必要はない。

もともと右脳的思考が優位な人、左脳的思考が優位な人、両方の切り替えが上手な人、それぞれタイプも好みも違うからだ。ちなみにあなたはどのタイプだろうか、少しお遊び気分で2つのテストで試していただこう。

1つ目のテストは、両手の指を組んだとき、上になる指はどちらか。
右の親指が下になる…入力は「右脳」
左の親指が下になる…入力は「左脳」

2つ目のテストは腕を組んだとき、下になるほうの腕はどちらか。
右の腕が下になる…出力は「右脳」
左の腕が下になる…出力は「左脳」

この2つのテストから4つのパターンに分けることができる。

【左親指が下で左腕が下の場合】
論理的に捉え、論理的に処理するタイプ
物事を筋道立ててマジメに考える、几帳面で努力家タイプ。

【左親指が下で右腕が下の場合】
論理的に捉え、感覚的に処理するタイプ
理想と現実のギャップに苦しむ矛盾型で、細かいことは気にしないタイプ。

【右親指が下で左腕が下の場合】
直感的に捉え、論理的に処理するタイプ
完璧主義で、自分で何事も決めたい個性派タイプ。

【右親指が下で右腕が下の場合】
直感的に捉え、感覚的に処理するタイプ

楽天的でマイペース、直感とひらめきを重視する感覚人間。

あくまでもこのような傾向があるというだけで、100%当てはまるものではないが、意外に当たっているのではないだろうか。あなた自身の傾向を知った上で、肝心なことは「左脳派と右脳派の違い」ではなく、一方的な物事の見方を捨てるべきだということである。

簡単に分類しただけでも4通りの人間が存在するが、すべての人があなたと同じ思考や物事の見方をしているわけではない。

どのパターンが良いということではなく、分類分けができることと同時に、この4つのパターンを立体的に見比べて、良いと感じるものを自分の知識やスキルとして習得していかなければいけない。

脳の大改修を行なうためには、従来の考え方を捨てて違う角度から見る習慣が必要である。思い込みを捨てることが第一歩である。

02

デキない体質をデキる体質に変える

人間の身体は約3ヶ月で完全に入れ替わるといわれている。身体全体には約60兆個の細胞があり、この細胞が新しいものに入れ替わっていく活動を「新陳代謝」と呼ぶ。

擦過傷に関係のある皮膚の場合は約28日周期、筋肉系は約2ヶ月周期、骨折に関係のある細胞は約3ヶ月周期で入れ替わる。

赤血球はDNAを持たないため、自らを治癒《ちゆ》することができない。血液循環による酸素運搬が体内で行なわれる4ヶ月ぐらいを過ぎると、自然に血流から排出されて体内から捨て去られる運命だ。このように健全な身体を保つため、我々の生命を支える大切な細胞は日夜頑張って交代してくれている。

ただし、実際にはすべての細胞が頻繁に変わるわけではなく、一生同じ細胞も存在する。7年で身体のすべての細胞が入れ替わるという説もあるが、大半は入れ替わるものの完全にすべてが入れ替わるわけではない。

入れ替わりが少ない細胞としては「心筋細胞」がある。心筋細胞は20歳を過ぎると年間に1％程度しか入れ替わらず、歳を取るほどその速度は遅くなり、大半は生まれたときの細胞を生涯有している。

心筋細胞のような特殊な細胞は存在するものの、身体のほとんどの細胞は一定の周期を経て入れ替わる。

この細胞の入れ替わりは、脳細胞も同じである。新陳代謝は脳の中でも行なわれている。当然だが古くなった脳細胞が肌のように剥げ落ちるわけではない。脳細胞を構成する物質は一定の周期で新しいものに取り替えられ、驚くことにその周期は約4週間と早い。4週間という周期には「タンパク質」が大きく関係している。

脳の重量の40％をタンパク質が占めており、脳の代謝がうまく行なえないと体調不調やイライラ感、記憶力の低下等、様々な症状を引き起こす原因になる。

望む理想の自分像を脳みそにプログラミングする

基本的に脳細胞は2週間ごとに脳内の半分を新しい細胞に入れ替え、合計で約4週間を経ると一新するといわれている。現代医学でもすべてが解明されているわけではないが、難しい話は別として、意外にも脳細胞の入れ替わりが早いことには驚かされる。

逆にいえば、この4週間という短期間で、脳を作り替えることが可能である。脳細胞の新陳代謝、シナプスの形成を上手に利用すれば、脳のプログラミングをやり直すのも難しいことではない。

しっかりと脳のリハビリを行ない、あなた自身が望む理想の自分像を作り上げることは可能である。脳の仕組みを理解し、正しいプログラミングを行ない、従来できなかったことを「デキる」に変えることに挑戦しようではないか。

03

頭の中だけで考えない

脳は新しい情報が好きで浮気性、難しい処理を同時に行なえないことをお伝えした。非常に優れた器官であると同時に、欠点も色々と存在する。

脳だけで処理できない問題は、別の方法で処理しなければいけない。無理な負荷を掛け、処理能力の限界に達している状態で新しい仕事を脳に投入すれば、脳はたちまち混乱状態に陥る。

混乱すればするほどに焦りが生じ、無駄な雑念が生まれ、さらに情報の波に飲まれて脳内はカオス状態と化す。こうなってしまえばお手上げである。

デスクの上が書類や郵便物、ゴミや筆記用具で散らかった状態のままでは良い仕事はできない。脳も同じように整理整頓を行ない、最高のパフォーマンスが発揮できるように万全の態勢でスタンバイしなければいけない。

スタンバイや準備さえも脳に委ねてしまうと、著しい処理能力の低下を招くため、効率的な方法を利用しなければならない。


ここで有効な手法が「メモ」の活用である。メモの持つ効能は非常に多く、賢者や企業家にもメモを活用している人が多い。

レオナルド・ダヴィンチや哲学者のショウペンハウエル、相対性理論のアインシュタインをはじめとして、多くの成功者や著名人がメモを活用している。ちなみにエジソンもメモ好きの一人である。そんなメモの持つ効能は、大きく分けて5つある。


【記憶効果】

人間の脳はすべての出来事や情報を記憶してくれる万能装置ではない。すでにお伝えしたように、無用な情報は次々と破棄される構造になっている。

そのため、経験や記憶のほとんどは忘れてしまう。この「忘れるリスク」の回避方法として有効なのがメモの活用である。言い換えれば、メモは脳の外付けのハードディスクのような存在だ。記憶しておく補助装置としては最高の効果がある。

【気づき・自己フィードバック】

頭の中にある思考は、書き出すことで初めて情報として認識できる状態なる。頭の中にあるだけでは堂々巡りの妄想や一過性の夢に過ぎず、書き出さなければやがて消滅してしまう。

メモとして書き出すことにより、視覚化ができるようになる。視覚化すると多くの気づきが起こり、さらに1つの気づきから新しい気づきが生まれることも多い。まさに自己フィードバックの機能がある。

【アイデア創出】

視覚化した複数のメモからはアイデアが生まれやすい。アイデアは異なる要素の組み合わせともいわれるが、単発情報の組み合わせを実現させるにはメモが役立つ。クリエイティブな職種の人はメモをつねに持ち歩き、何か浮かぶとすぐに記録する習慣を持っている。

【整理整頓効果】

メモは言い換えれば簡易な文章だ。文章を構成する前の下書きともいえるだろう。理路整然とした文章が最初から頭の中で構成されることはなく、湧き上がるものを書き出してから整理整頓することでしっかりとした文書が構築できる。

頭だけに頼らないでメモを活用する

脳内で発生する支離滅裂なアイデアや簡易文章を整理整頓するためには、メモが非常に有効である。

【不安解消】

意外だろうが、メモは不安や恐怖の解消にも役立つ。視覚化することにより、現実と非現実を脳がはっきり区別できるようになる。不安や恐れは現実には存在しない空想に対する脳の反応に過ぎない。メモに書き出すだけで、それが非現実であることを脳が認識する効果がある。

様々な効能があるメモだが、利用するには少しコツが必要である。特に決まったフォーマットがあるわけではないが、メモを活用する効果がより大きくなる方法としてオススメなのは「手書き」だ。

スマートフォンやノートパソコンの携帯性の良さから、つい普段のメモにもアプリを利用していないだろうか？　実は、メモは「手書き」のほうがオススメである。

スマホやパソコンを利用してメモを取れば、確かに綺麗な字で記録されるため、後から見直すには非常に便利である。修正もしやすく、テキストデータとして添付することも可能なため、一見すると利用価値は高い。しかしながら、脳にはよろしくない。

文字をキーボードでタイプするのは10本の指の動作だけであるが、手書きの指の動作はなんと1万以上にも及ぶ。遥かに脳をフルに活用して刺激を与える効果がある。脳の活性化のために、メモは必ず手書きで行なうべきである。

特に高額なメモ帳は必要ない。安くて携帯性があれば十分だ。他人に見せる必要も一切ないので、自分が後から見て確認できる形式や文字であれば、どのようなスタイルでも構わない。こだわってほしいのは「手書き」である。

04 タスクを抽出し優先順位をつける

手書きのメモを有効活用することが「集中術」の第一ステップだ。

メモを取る習慣、メモでアイデアを出す習慣、メモで不安解消する癖を身に付けていただきたい。メモはあなたの人生を支える最高のパートナーに変貌するだろう。

実際に短時間で最大の成果を生むためには、脳内の余計な雑念の堂々巡りを止め、タスクを整理整頓し、最も効率的に作業がはかどる時間設計を行なわなければいけない。

建物には設計図というものがある。設計図がなければ建物は完成しないし、完成した状態から逆算して詳細な部分を考案・検討していくためにも設計図は必要になる。それぞれのパーツや部位が複雑に絡み合い、共に支え合って建物は構成されているからだ。

この複雑な構造は人間社会も同じであり、普段の仕事やタスクも同じである。各パーツがバラバラに点在していては、作業効率は一向に上がらない。それぞれのタスクを整理整頓し、仕分けを行ない、順位付けをする必要がある。このときに活用していただきたいのが、メモを利用したタスクの抽出と整理整頓である。

まずは今月、そして今週の仕事の予定とタスクを、思い付くだけ書き出そう。無理に長い表現にする必要はない。自分が思い出せる程度の備忘録としての単語の集まりでも構わない。あなた以外は活用しないメモだから、見やすいように自分のフォーマットで書き出してほしい。

1ヶ月と1週間のタスクが書き出せたら、次は「今日のやるべき仕事やタスク」を書き出そう。本日のタスクはできるだけ細分化することが重要である。

「書類整理」と大項目だけ書き出すのではなく、「A社宛のBという書類作成」「C社からの請求書の処理」というふうに細分化してほしい。

本日の仕事やタスクがすべて抽出できたら、次は各タスクに優先順位を付けよう。時間的な制限があるなら時間別の優先順位を、時間的制限がないなら重要なタスクや難しい作

月別・週別・日別・時間別の優先順位をつける

業から順位を付けてほしい。

この順位が、本日の就業時間内に行なうべき仕事の順番である。雑用や明日でも構わないタスクは、できるだけ優先順位を下げておかなければいけない。雑用はあなたの今日行なうべき優先作業ではない。

この仕分けと優先順位付け作業は、毎朝起きてから仕事に出かける前に行なってほしい。出社してからタスクの整理を行なっていると、貴重な時間をロスするだけだ。

優先順位付けは、始業と同時に猛ダッシュで仕事を開始できる態勢を整えるために重要な準備作業である。この準備を怠ると、本日の作業効率が悪いものになり、結果として自分の首を締めることになる。しっかりと毎朝時間を掛け、真剣に臨んでいただきたい。

05 雑音を切り離す

今日中にどうしても片づけなければいけない仕事がある。朝一番から気合を十分にして、早速タスクに取り掛かるのだが、パソコンを開くと山のような大量のメール。すべてに目を通す時間がないので飛ばし読みをするが、なかには気になるものも含まれていて、ついそちらを先に処理してしまう。

そして朝礼が始まり、すぐに電話が入る。先方は時間があるのか暇なのか、話が異様に長い。長電話がやっと終わったかと思えば、処理していたメールがさらに増えていて本日中に対応してほしいとの内容が。

早速、手配のために関連業者へ電話で連絡する。メールと電話と雑用対応のみで午前中が終わり、あっという間に昼休みだが、呑気にランチを摂れる状況でもなく、かき込むように食事を済ませ、再び雑用の処理を急ぐ。

午後は突然の来客対応に小1時間割かれ、やっと落ち着いてくるのは夕方16時前後だ。いよいよ本日中に仕上げるべき仕事がスタートできる態勢に入る。

この時間から始めて、一体何時に本日のタスクが終わるのだろうか。

あなたが従事している仕事のシーンとは異なるだろうが、私がかつて経験していた職場のリアルな1日の一部である。

これはまだかなりマシなほうで、ときどき起こる事故対処のために急遽《きゅうきょ》現場に向かう日もあった。完全に丸一日のタスク処理が消え去る悪魔の日である。

当日に処理できなかったタスクは、残業と休日出勤で片づけるしかない。大切な勤務時間内に雑用や外部の都合に忙殺され、肝心の本業に専念させてもらえないのだ。これを仕事と呼ぶべきか、単なる雑用処理と呼ぶべきか。

このように、実際の仕事やタスク処理には、何かしら外部からの邪魔が入る。急な電話や来客、大量のメール処理等が該当する。その他にも多くの邪魔がある。家族や友人からのスマートフォンへの連絡、社内でのお喋《しゃべ》りや急な会議。相談事のミーティングや緊急対応等。これらすべてを含めて、本来のタスク処理を妨害するものを「雑音」と呼んでいる。

「雑音」とは「ノイズ」だ。せっかくの美しいオーケストラのメロディも、携帯の着信音が鳴れば演奏会は台無しである。

同じように、集中して処理すべきタスクに向き合うとき、多くの雑音に遮られるのは耐え難いものだ。

脳はつねに新しいものに興味を示す悪い癖があるので、気を許してしまうと新しいタスクを優先的に処理しようと行動し始める。

だが考え直してほしい。本当に優先すべきものは何か。今日中に処理すべき仕事があったはずだ。朝一番にメモに書き出し、最優先として番号を振り分けたタスクリストを再度見直そう。

仕事やタスクが効率的にはかどらない大きな理由は、この雑音に振り回されてしまうことにある。優先順位1位のタスクよりも、緊急で優先すべきものは2つしかない。「命の危機に直面するもの」と「クレーム処理」だけである。

当たり前のことだが、大切な家族や知人や同僚の命が危険な状態にあるとき、仕事を優先するお馬鹿な人はいないはずだ。

また、クレームは会社が存続の危機に直面するかもしれない大きな問題だ。会社にとっては「命の危機」ともいえる。この2つはどんなタスクよりも優先して処理しなければならないが、その他はすべて「雑音」である。

「雑音」は、あなたが朝一番に決めた優先順位タスクを崩壊させて、今日も長時間労働させ、仕事の効率を落とすための悪魔の囁《ささや》きでしかない。

「これもあるよ！」「あれもあるよ！」と周囲が次々に誘惑的な雑音を投げてくる。新しい物好きの「脳」はつい誘惑的な目先の雑音に注意を向け、あたかも雑音のほうが高い優先順位かのように錯覚させる。こうなってしまっては、この日のスケジュールはすべて台無しである。朝から一生懸命に作成したメモもタスクリストも、何の役にも立たない落書きに終わってしまう危険性がある。

あなたが本当に望む1日の過ごし方は、こんな悲惨な、時間に追われるだけのタスク処理ではないはずだ。

綿密に計画を練り、時間どおりにタスクを処理し、定時に帰宅する。それが理想ではないだろうか。雑音に振り回された1日が果たして楽しいだろうか。

否、本当に行なうべきタスクにのみ集中して大きな成果を出すことが本意である。

とはいえ、現実にはすべての雑音をオフにすることは不可能に近い。だからといって、最初から諦めていては何も変わらない。まずできることから着手し、理想的な現実を作り上げていかなければならない。

そのために、最も悪影響を及ぼす雑音から処分すべきである。

その雑音とは「スマートフォン」等のデバイスである。

ついついメールやSNSのチェックをしていないだろうか。

また、集中しているときに家族や友人からの連絡が入っていないだろうか。

集中して作業しているときに雑音で作業が中断すると、張り詰めていた糸が切れるように集中力も切れる。一度切れた集中力が戻るまで15分以上必要だ。

もし本当に命に関わる連絡であれば、あなたの携帯がつながらなければ、会社に直接連絡が入るだろう。仕事の効率を下げる要因になるスマートフォンは、集中してタスク処理するときはオフにすることが必要だ。

社内でも、通勤電車の中でも、自宅でもスマートフォンを手放せない人が多い。これはスマホ依存症の悪習慣でしかない。


スマホは確かに便利な道具ではあるが、利用してこそ価値がある。利用されていては雑音以外の何物でもない。

勇気を出して、最優先のタスク処理をする際には、スマートフォンの電源を切る習慣を付けるべきである。何が優先なのか、しっかりと自分の行動を見つめ直していただきたい。

06

自分のタスクを何よりも最優先する

あなたは食事をするとき、好きな物は最初に食べる派だろうか、それとも最後に残す派だろうか。

単純な性格的傾向ではあるが、仕事やタスク処理の優先順位にも大きく関与する。決してどちらかが良くて、もう一方が悪いというわけではない。自らの傾向を知ることで、対処法を考える1つの手段である。

好物や美味しいものを最初に食べるのか、それとも最後に残すのか、これは人類にとって永遠のテーマの1つだ。誰にでも該当し、大人数がいれば盛り上がるテーマだ。双方に言い分があり、それぞれにメリット・デメリットもある。ただし、いずれかが正解ではなく、1つのジャンルから見た場合のパターンである。

脳科学的な視点では、最後に食べたほうが良いとされる。先に他のおかずをすべて食べることで栄養バランスが整うからだ。また、好きなものを最後まで我慢する力はギャンブル脳の防止にもつながる。

経済学的な視点でも最後に食べたほうが良いといわれる。好きな物を最初に食べる習慣はギャンブルにハマりやすく、目先の誘惑に勝てない性格を形成してしまう危険性がある。逆に好きな物を最後に食べるメリットは、生物学的や心理学的な視点からだ。食べ始めは味覚が鋭敏で、最初に美味しいものを食べるほうが合理的である。心理学的には「初頭効果」が働き、最初の印象が全体の印象に強い影響力を与えるため、美味しい物から食べれば食事全体を「美味しかった」と認識する。

食事は人の性格を判断する方法として最も効果があるといわれ、昨今の企業の面接でも食事の機会を導入する事例がある。ギャグのような話だが、食べ方で性格が正確に判断できるそうだ。

食事のスピードを観察するだけでも「ゆっくり丁寧に食べる」タイプは「のんびり・おっとりした性格」、「早くガツガツ食べる」タイプは「慌てん坊、せっかち、大雑把な性格」と判断される。特に魚料理は骨の取り方や食べ方、食べ終わった皿の様子が露骨に見えるので、格好の性格判断材料になる。

話を戻して「好きな物を最初に食べるか、最後に食べるか」は、仕事の観点から見れば、大好きな物を最初に食べる人は「誘惑に弱い」、逆に好きな物を最後に食べる人は「我慢強い、計画的」と見なされる傾向にある。

仕事やタスク処理に当てはめると、予定していた最優先のスケジュールやタスク処理よりも、目の前に降りかかる「雑音」「誘惑」を優先するタイプの人は、誘惑や周囲の影響に弱いといわざるを得ない。

今日から急に性格を変えるのは無理な話だが、あなた自身が誘惑に強いのか、弱いのかの傾向はしっかり理解しておくべきである。

食事の話は心理ゲームの一種に過ぎないが、決して的から大きく外れている話ではない。いくらクライアントや上司から急な依頼があっても、本来自分が真っ先に処理しなければならないタスクこそ優先する態勢が必要だ。

断り辛い要求に関しては、次章で断りの具体例も説明するので、ぜひ参照いただきたい。

07

最も集中できる15分サイクルを活用する

人間の体内には、正確にリズムを刻む「体内時計」があることはお話しした。原則として15分おきのリズム計が、誰の体内にも存在している。この15分のサイクルを何回実行できるかは、人によって異なる。短い人で15分、長い人では120分間の集中作業を行なうことができる。

仕事ではなく、あなたが大好きな趣味や没頭できるような楽しい映画・ドラマを思い出してほしい。特に映画は顕著であるが、基本的に120分で構成されている。そして各シーンは約15分おきに切り替わるように制作されている。

面白い映画や番組ほど、この時間配分が徹底的に重視されており、息もつかせぬハラハラドキドキ感で、あっという間に120分の映画が終了する。

人間が持つ15分の集中時間を利用し、緩急を上手に設けて集中力が途切れないように工夫されているためだ。

逆に、つまらない講演会に参加した経験はないだろうか。話に緩急がまったくなく、リズムが存在しない「棒読みの経典」を聞いているような、修行のような講演会だ。ついつい居眠りした経験が何度かあるのではないだろうか。

最初の15分は頑張って聞いているのだが、この15分で完全に集中力が途切れ、後は脳が思考停止になった典型的な状態である。

いくら内容が素晴らしい講演でも、この時間構成では誰も記憶に留めていない。同じ講演内容でも、15分おきにテーマを少し変え、話に緩急を付けるだけで評価は大きく変わる。

講演や長時間の話が上手な人は、この15分のサイクルを大切にしている。もちろん15分のサイクルだけで話の上手な講師になれるわけではないが、通常の会議やミーティングでもこの15分のサイクルを大事にするだけで会議の名手になれる。

時間制限を設けずに支離滅裂な意見交換を行なうよりも、15分や30分と時間を決めて会議を行なうほうが、効率的でかつ高い成果を得られやすい。

仕事やタスクだけでなく、脳は長時間の集中が苦手と覚えておいてほしい。

いくら高性能なスポーツカーでも、つねにフルスピードで走行していればオーバーヒートしてしまう。脳も同じで、いくら優秀でも長時間の集中はできない構造になっている。時間を掛ければ掛けるほど脳は疲労し、時間と共に効率が下がっていく。脳の疲労はやがて体にも現れ、つねに疲れが取れない不調の原因につながる。

十分な睡眠を取り、完全に心身共に疲労を回復して、脳内がクリーンにリセットされた状態の朝一番こそ、脳は最も高いパフォーマンスを発揮できる。

時間と共に脳も疲労し、多くの情報を取り込むことで、脳内に余計なゴミや雑音が増え効率が悪くなる。

つまり、起きてから数時間が、脳が集中できる最も良いタイミングだ。

この時間を徹底的に有意義に使い、15分のサイクルを利用して集中状態を作り出し、タスク処理に充てるべきである。

これこそが最も効率的な時間活用の原理原則である。

08 午前中は最優先タスクを実行する

脳が完全にリフレッシュされ、フルパワーの状態にある目覚め直後の数時間。この時間に、あなたはどんな作業をしているだろうか。

朝起きてから着替え、出社し、ランチまでの仕事ぶりを振り返ってほしい。最も貴重な時間帯に、雑用処理や周囲の雑音に振り回されていないだろうか。どうしても振り切れない雑音は存在するが、まったく必要のない雑用に注意を向けていないだろうか。

たとえば、朝一番の同僚や仲間との雑談・世間話がそれに該当する。昨夜の緊急ニュースやドラマの話題で盛り上がっていないだろうか。

脳の効率的な活用法を知らなくても、雑談は通常業務にとって邪魔な存在でしかない。就業時間内に雑談など、本来であれば厳禁である。このような雑音は極力消し去るべきである。

続いて危険な雑音が、メールチェックだ。私も朝一番のメールに苦労させられた被害者の一人だ。

今でも多くの企業が情報伝達の手法として活用しているメールだが、実際に中身を確認すると、急用や重要ではないものが多い。

命に直結する問題やクレームならいざ知らず、大切な時間を利用してまで確認と返信をすべき優先的な仕事ではない。

ただし、なかには急用や緊急事態の内容が含まれているものもあるので、確認は必要である。

メールの多くは、タイトルを見るだけで緊急度合いが判断できるはずだ。

緊急でないものは午後に回し、作業効率が最も高い午前中は最優先タスクを実行する時間として確保しなければならない。

脳の効率を考えれば、午前中に行なうタスクと、夕方に行なうタスクでは、実に2倍から4倍の効率の差があるらしい。

試しに1000文字程度の文章を考案して書いてみると、その差は歴然としていることが実感できるはずだ。朝一番に書く文章と、疲労し切った夕方に書く文章では、完成までの時間が著しく異なる。

さらに、書く内容にも大きな差が出る。夕方に書く文章は、朝一番の文章よりも低レベルなものになりやすい。誤字脱字も多く、構成自体が上手にまとまらないという結果も報告されている。

脳がしっかりと全力で取り組めない状態で、いくらアクセルを踏み込んでも、フルパワーでは走れないのだ。

今まで午前中に雑用を行ない、重要な仕事を午後に回してきた習慣があるなら、この前後の作業を丸ごと入れ替える必要性がある。

午前中の作業には、優先的なものや重要なもの、難しい作業やかなり頭を使うものを配置すべきだ。

逆にメールチェックや返信、軽いミーティングや会議・打ち合わせ、その他雑用やルーティンワーク、軽めの文章作成等は、すべて午後以降に回すべきである。

1日の仕事の内容は同じでも、配置を変えるだけで結果は大きく異なる。

サッカーの試合を思い浮かべてほしい。同じ選手陣でも、フォーメーションを変えるだけで成果は著しく異なる。攻撃重視でいくのか、防御重視でいくのかでは、フォーメーションは違う。

これは仕事やタスク処理も同じである。つい面倒臭いという理由で難しい作業を後回しにする人がいるが、実は難しい作業ほど朝の早い時間に処理するほうが効率よく終わる。サッカーの試合でも、前半に多くの点を取るほうが心理的にも優位になり、その後の試合展開が楽になるのと同じことだ。後半の逆転よりも先取点のほうが重要である。

仕事も同じで、脳の効率だけでなく、先に困難なタスクを処理するほうが、心理的にも残りのタスク処理が楽になる。

朝目覚めてから、その日のスケジュールを入念に練り、ランチまでの時間配分とタスクの振り分けをしておくことが、短時間で最大の成果を生む秘訣だ。午前中が勝負だと、理屈抜きに徹底して肝に銘じていただきたい。午前中を上手に活用できれば、従来の何倍もの効率でタスク処理が可能になる。

09

雑用や打ち合わせは午後に回す

働く人の多くは、仕事の優先順位を間違えて時間配分している。急ぎの用事ではない電話やメールを優先し、本来であれば真っ先に処理しなければならない本業のタスクを後回しにしている。本腰を入れて最優先タスクに専念するため、先に雑用を片づけてしまおうという腹積もりだろう。

しかしこの手法は最も効率が悪い。前述しているとおり、脳は起きてから数時間、いや理想的には起床後3時間が集中力の最も高まる時間である。

この最高潮の状態を雑用の処理に充て、肝心の本命タスクを後回しにするほど無駄なことはない。

仕事と恋愛は似ているといわれるが、お見合いパーティや合コンで例えれば、限られた時間のなかで本命の異性を最後に回し、まったく気のない相手から熱心に声を掛けているという馬鹿げた行為だ。最後に声を掛けられた相手は気分が悪いに決まっている。

本命だと思う異性がいるなら、最初からその人に全力で挑むものである。

仕事やタスクも同じだ。肝心要の大本命である最優先タスクから処理すべきである。

そのために起床後、本日のスケジュールやタスクの優先順位を付けている。目の前の雑音に惑わされ、本来実行すべきタスクを後回しにしてはならない。雑音に対してはキッパリと最優先のタスクに取り組む意思を告げ、後から改めて連絡を入れることを伝えるべきである。

改めていわせていただくが、あなたの仕事は雑用処理ではない。優先すべき仕事があるはずである。つねにこの言葉を忘れないでいただきたい。

始業後、ランチまでの時間は最優先タスクや重要課題を処理し、雑用や重要でない会議・相談やルーティンワークは午後に集中して行なうべきである。

ランチの後はどうしても眠くなる。これは動物として生理的なもので、防ぐことは難しい。午前中の疲労と、食事による血糖値の上昇、そして緊張感の緩みから起こる現象だ。気合いで防ぐ方法もあるが、連日に渡り効果を発揮するものではない。

この生理的現象に対しては無理に抗うことなく、リズムを活かした仕事を行なえばよい。

眠気が生じるのを防ぐのであれば、単調な作業はできるだけ夕方に回し、午後一番は会話を多く含む会議や打ち合わせを入れるべきであろう。

眠気が落ち着いてから雑用やルーティンワークを行なえば、すべての時間帯を有効活用できる。

やっているタスク処理や仕事は普段と同じだ。実行する時間帯を変更するだけで、従来よりも遥かに効率的にタスクを処理できる。

さらに大切なことは、単に時間を入れ替えるだけでなく、本日の最終目標である「帰宅時刻」を必ず設定することだ。ダラダラと時間無制限な残業は、今日から禁止である。

仮に残業するとしても、帰宅時刻を必ず設定し、その時刻をリミットとして死守するつもりで1日の仕事に取り組もう。

最終的には定時帰宅を目指すが、まずいつもより30分早く帰る設定をしよう。来週はさらに30分早め、来々週はさらに30分縮める。4週間で、今までより2時間早く帰宅するつもりで目標を立てよう。

人間、死ぬ気になれば何でもできる。最初から「無理だ」と諦めていては何も変わらない。雑用や重要でないタスク等は午後に行ない、定時帰宅を最終目標として1日の時間管理を行なっていただきたい。

10

制限時間を設ける

遠い昔の話になるかもしれないが、あなたは小学校時代の夏休みの宿題をどのように処理していただろうか。

夏休みには楽しい思い出がいっぱい詰まっているだろう。1学期が終わり、40日にも及ぶ夢のロングバカンスだ。終業式には担任の先生からこんなことを言われていただろう。「夏休み中は規則正しい生活をし、きちんと宿題をやりましょう」と。

さて、夏休みの期間中に規則正しい生活をずっと続けられた生徒はクラスで何名いただろうか。私の独断的な推測では、おそらく一人もいないだろう。親が超厳格な家庭か、塾や習い事でスケジュールがすべて埋まってでもいない限り、40日間連続で規則正しい生活などという偉業を達成できるほど人間は精神的に強くない。これは人間の持つ「怠け本能」

の一部でもある。

そして肝心の宿題といえば、夏休みの開始当初は日課にしていたものの、1週間も経つと「まだ時間があるから」という理由で後回しにしなかっただろうか。そして8月の最終週になると、焦って必死に片づけていなかっただろうか。

真面目そうに見える人でも、夏休みの宿題に関しては結構「あるある」の話だ。

では話題を変えて、あなたは試験に臨んだ経験があるだろうか。今までの人生で、一度も試験やテストを受けた経験がない人はおそらくいないだろう。

入学試験や資格の試験は、1年に1回だけのものが多い。落ちたら翌年までチャンスがないので、受験者は皆真剣そのものである。おそらくあなたにも、真剣に臨んだ試験があるはずだ。

そして、どの試験にも「制限時間」がある。この制限時間内に与えられた課題をクリアしなければ合格できない。

試験やテストは、知識や技能等の勝負でもあるが、同時に時間との戦いでもある。いくら100点の解答でも、制限時間オーバーでは0点である。本番の試験と、緊張感のない状態で同じ試験を行なった場合とを比べると、結果は明らかに異なる。緊張感を持ち、制限時間があるほうが人間は真剣になり、通常よりも能力を発揮しやすくなる。

夏休みの宿題と試験に通じるものは「制限時間」である。タイムリミットが決まっているほうが人間は真剣になり、本領以上の実力を発揮する能力を持っている。火事場の馬鹿力ともいわれるが、人間には潜在的に通常の何倍もの力が温存されている。

この潜在的な本領を発揮するためには「時間制限」を設けるのが最も単純明快で効果的である。

時間制限を有効に活用するには「ストップウォッチ」がオススメである。

スマホのストップウォッチ機能を利用することも可能だが、あえて通常のストップウォッチを利用することをオススメする。

首からぶら下げておけるので携帯性が良く、ちょっとしたお洒落にもなる。また、スマホをストップウォッチ代わりに利用すると、どうしてもメールやＳＮＳに気が向きやすくなるため、時間計測のみに利用できるストップウォッチが良い。

アラーム音のオンオフ機能と、カウントダウン機能があればどんな物でも構わない。安いものであれば１０００円以内で手に入るが、気持ちを引き締めたいならあえて高額な物を購入するのも一つの手だろう。

このストップウォッチのカウントダウン機能を利用し、15分サイクルの集中時間を区切ってタスク処理をしていただきたい。時間制限なしとありでは明らかに作業効率が変わることが実感できるはずだ。職場によっては音が鳴らせない環境もあるので、アラーム音のオンオフは切り替えられる物がお勧めである。

理想的なストップウォッチの活用例として、私自身の利用方法を述べておこう。

45分のアラーム設定を行ない、45分間は集中してタスクに挑む。時間がきたら途中でも作業を止め、強制的に10分程度の休憩を取る。

再び45分の集中タスクを行ない、また強制的に休憩を入れる。学校の授業のサイクルと同じだ。ただし、作業は途中でも強制的に休憩に入る。もちろんパソコンのデータは保存してからだ。

これを午前中に3~4サイクル行ない、重要なタスクを集中的に処理する。

あくまでも45分は私のリズムであり、90分集中できる人は90分、30分が限界な人は30分を1サイクルとして設定してほしい。なかには変則的に20分や50分という人もいるので、自分が集中できる時間を測定して調整していただきたい。

集中できるリズムがわかれば、そのサイクルを活用し、始業からランチまで雑音を排除した状態で実践していただきたい。

11

休憩時間をしっかり確保する

前項でストップウォッチを利用して自分のリズムに合わせた集中時間を活用する手法を紹介したが、この集中時間以上に大切になるのが「休憩時間」の活用法である。

休憩を制す者は仕事を制す。

休憩をしっかり確保できなければ、次の集中サイクルがすべて台無しになってしまう恐れがある。3時間前後の超集中力をラストまで途切れさせず維持するためには、「休憩」の取り方が非常に重要である。

あなたは普段の休憩時間や昼休みをどのように過ごしているだろうか。

仕事中にスマホやパソコンが自由に使える職場もある。逆に、一切デバイスは利用できない職場も存在する。

しかしどちらの職場も、休憩時間中のスマホの利用は制限されていない。「休憩時間＝自由な時間」という認識から、スマホを利用してメールやSNSのチェック、動画や漫画の閲覧をする人が多い。

しかし、気づいていない人が実に多いのだが、スマホの利用は思っている以上に「目」や「脳」を疲労させる。仕事中にパソコンを利用する人は特に注意が必要だ。


仕事中に目を酷使しているにもかかわらず、休憩中までスマホでは目を休ませる時間がない。休憩しているのは「気分」だけで、目も脳もつねにフル活動状態である。これでは「休憩」とはいえない。


休憩しているつもりが、疲労から回復しないまま作業を続けることになり、疲労が重なり続け、夕方にはヘロヘロの状態の「目と脳」が完成する。

この休憩方法は健康的でもなければ、効率的でも生産的でもない。「百害あって一利なし」というべき「悪い休憩方法」である。

理想的な休憩方法は、心身共に完全な回復を図るものである。疲労を取り、心身を回復させ、休憩後に再びフルパワーで仕事に挑めるようにすることが「休憩」の真の目的だ。

スマホを見るために休憩時間があるのではない。

とはいえ、気になる連絡もあるので、必要最低限の利用は仕方ないが、休憩時間の8割は完全な休憩を取り入れていただきたい。

まず、目と脳を最大限に休ませる工夫が必要だ。眼精疲労とはよくいったもので、目の疲れは意外に大きなダメージである。

特にパソコンで仕事をする人は「目」の疲労を優先的に取らねばならない。

オススメするのは「ホットアイマスク」だ。

ホットアイマスクをすることにより、外部からの視覚情報を遮断する。雑念や雑用とも切り離されるため、心も休息ができる。ホットアイマスクは目の血流も促すため、疲労回復やリラックスには効果的である。座ったままでも利用できるため、小休止のときに利用していただきたい。

時間制限なし・休憩なしで作業を数時間行なっても、成果は上がらない。効果的に休憩を利用し、時間制限を設けるだけで作業効率は飛躍的に向上する。

特に優先タスクを実行する午前中は、この休憩方法を効率的に取り入れて、短時間で爆発的な成果を出して仕事を片づけていただきたい。

12

睡眠と運動で集中体質を作る

優先タスク処理のために、時間を制限して集中する方法が大切であることをお伝えした。また、集中の持続には休憩時間が重要であることもあなたは理解できただろう。加えて、さらに集中力を増す方法をお伝えしよう。

疲れた体や心を完全にリフレッシュさせるための、究極の方法がある。それは「睡眠」だ。睡眠は人間の生命維持に欠かすことのできないものだ。「三欲」とはよくいったものだが、睡眠は「欲」というレベルではなく、命に関わる重要な生命維持活動である。

睡眠不足はタスク処理の効率を下げるだけではなく、寿命や健康にさえ大きな影響を及ぼす。いくら忙しいからといって、連日の徹夜は命を消耗しているだけの愚行だ。

効率よく作業をこなすためにも、良質な睡眠を十分に確保しなければいけない。睡眠には様々な効果があり、脳の情報整理や心身の疲労回復にも重要だ。

余談ではあるが、不眠状態を続けた世界記録は264時間12分で、1964年にアメリカの男子高校生によって作られた。記録に挑む実験開始から3日で記憶力が大幅に低下し、4～5日目には極度のイライラ状態が起こった。人に対して疑い深くなり、さらに白日夢を見たり記憶障害が現れたり、簡単な計算をすることさえも不可能な状態に陥ったりした。

このように、睡眠が脳の機能に与える影響は大きく、脳が正常に機能するためには十分な睡眠が必要不可欠である。

十分な睡眠を確保するためにも、仕事は早目に終わらせ、早目の帰宅と食事、そして就寝前の準備が必要である。

休憩時間にスマホを利用する弊害をお伝えしたが、就寝前の2時間もスマホ利用は厳禁だ。

ブルーライトの効果で目が冴え、眠りにつきにくくなる。動画やサイトの閲覧は脳を興奮状態にさせるため、さらに眠りに入りにくい状態になる。

いくら長時間の睡眠を確保しても、就寝直前のスマホ利用は良質な眠りとはいえない。

脳と体の元気が集中力の基本

睡眠は、時間を確保すると同時に、「質」にもこだわっていただきたい。

寝る前の2時間は、記憶に定着しやすい状態になるため、ネガティブなニュースを観るのは禁止である。逆に記憶に有利に働くため、読書や勉強には最適だ。

そして寝る直前にその日の「良いこと日記」「感謝日記」を綴《つづ》って眠りに就けば、心身共に最高の状態で睡眠に入ることができる。

睡眠と同等に疲労回復やリフレッシュに効果があるのが「運動」である。

適度な運動は脳内をリフレッシュさせ、寿命を延ばす効果がある。時間がないから運動をしないという人がいるが、適度な運動を行なったほうが寿命も延び、作業もはかどる。仕事ができる人ほど、睡眠と運動には気を使っている。

運動不足は健康面でも良くない。運動を続けることは寿命を延ばすだけでなく、忍耐力の形成にもつながる。

目の前の誘惑に負けない強い精神力を養う上でも、習慣的で定期的な運動を取り入れるべきだ。

ただし、無理と過剰な運動は逆効果になるので注意が必要である。体に強い疲労が残るほど激しい運動をしてはいけない。週末の運動が激しすぎて、全身筋肉痛で出勤しても仕事には集中できないだろう。

私は定期的にランニングをしているが、以前激しく走りすぎて「ミオグロビン尿症」という症状が出た。ハードすぎる走り方をした結果、血尿が出たのだ。

プロのランナーを目指しているわけではないので、無理なことはしないほうがよい。あくまでも健康維持と作業効率アップのための運動であることを忘れずに、時間を確保して取り組んでいただきたい。

13

さらに集中力を極限まで高める瞑想のススメ

集中力をさらに高め、生活そのものを向上させる秘訣の1つとして「瞑想」をオススメする。

瞑想を知らない人はほとんどいないだろうが、継続して実践している人は意外に少ないようだ。時間を理由にして継続できないと言い訳するが、「運動」同様に瞑想は実践するほど時間の節約につながる。

長時間の瞑想が困難な場合は、起床後の毎朝5分と、就寝前の5分だけでも構わないので、ぜひとも取り入れていただきたい。

ちなみに私は1日に20分の瞑想を2~3回行なっている。朝の仕事前の集中力強化、午後の休息、入浴後の脳内の整理整頓に瞑想を活用している。

瞑想の実践者には著名人が非常に多い。

スティーブ・ジョブズ氏、ビル・ゲイツ氏、松下幸之助氏、稲盛和夫氏をはじめ、偉大な人物が連なっている。当然だがガンジーや、意外なところではビートルズも瞑想実践者だ。

ハリウッドの大物俳優も瞑想を取り入れている人が多く、瞑想による効果が非常に大きいことを実証してくれている。

瞑想には実に多くの効果・効能がある。瞑想のメインというべき目的は「集中力を高めること」だ。

瞑想中に浮かび上がる様々な雑念に振り回されないように呼吸を意識するが、これが意識を集中できるトレーニングになる。雑念に惑わされず、目の前のことに集中する力を身に付けられる。

その他にも瞑想の効果は多い。ストレス解消にも瞑想は効果的だ。

瞑想を行なうことにより、不安や嫌なことがあってもイライラしなくなる。ストレスから解放されると、当然だが免疫機能も高まる。瞑想により体内から発生するストレスに関係する物質が減少するためだ。

さらに「慢性的な痛みを和らげる効果」「睡眠の効率が改善される」「自分自身を受容できるようになる」「自信を高める」「人間関係の改善」「アイデア・創造力の向上」と、瞑想によるメリットは多岐に渡る。

時間がないからという理由で実践しないのは非常にもったいない話だ。ぜひとも日常生活に瞑想を取り入れてほしい。

瞑想は1回の時間の長さよりも頻度を重視してほしい。1週間に1回だけ30分の瞑想を行なうより、1日に5分だけでも構わないので毎日やることが効果的で、実感も得やすい。

5分の瞑想というと通勤電車内でもできそうなイメージだが、瞑想にはしっかりとした環境を用意してもらいたい。

外部からの邪魔の入らない静かな部屋で、一人集中して瞑想ができる状態が理想的である。

ストップウォッチで時間を計測し、短い時間から実践してみよう。慣れてくれば時間を少しずつ延ばすとよい。不安や焦燥感が以前よりも軽減される心地良さを必ず感じられるはずだ。

第6章

仕事現場で応用する

【すぐに使えるサラリーマン時短術】

01

午前中の3時間をどう活用するか

前章で「短時間で大きな成果を出す方法」の実践編をお伝えしたが、本章では応用編として、実際の会社内でも利用できる方法をお話しする。

ノウハウは活用できなければ所詮は「知識」に過ぎない。知っているだけでは生活の改善にはつながらない。応用できてこそ本物のノウハウである。

リアルな職場で利用できる方法として本章の内容を取り入れ、あなたの職場にマッチした形に改良して活かしていただきたい。

本章は、あくまでも私自身が経験してきた環境下での応用例である。あなたの職場環境とは異なるところもあるはずだ。

利用できるものはそのまま利用し、難しいものは改良を加えて最適化して有効活用していただきたい。

起床からランチまでの時間が最も集中力の高まる時間だと説明してきた。この貴重な時間帯を有効活用することで、短時間で従来の2倍以上の成果を出すことができる。

そのためには、まさに「仕事のゴールデンタイム」とも呼べる午前中をどれだけ有効活用できるのかが、このノウハウの死活問題となる。

「そうはいっても午前中は忙しくて」と言い訳をしていては、以前と何一つ変わらない。第一歩として、何かしら取り組める方法を取り入れるべきである。

どうしても午前中の3時間をフルに活用できない職場環境もあるだろう。そのような場合には、最重要タスクに45分だけ集中して充てることを優先した環境づくりをしよう。取り入れられるものを少しずつ採用し、環境を変えていくべきだ。

最初にやるべきことは、徹底的な雑音の排除である。

もちろん、顧客対応やメールや電話の応対をいきなりすべてなくすのは難しいことはわかる。まずは最も排除すべき雑音から取り除こうではないか。

それは何か。従来の仕事とは無関係な「私語」や「雑用」「お喋り」だ。

出社すると同僚に挨拶《あいさつ》して、そのまま雑談に入っていないだろうか。この行為をコミュニケーションだと言い張る人もいるが、実際は業務に無関係な完全な雑音である。

コミュニケーションは休憩時間や終業後に行なっていただき、午前中の業務遂行に対して集中力を高めてほしい。

どうしても避けられない場合の私語や雑用は、しっかりと始業前に時間を決めて終わらせるべきである。もしくは可能であれば、午後に回すべきである。

出社後は、起床直後に作成したメモの「本日のタスクの優先順位付け」を再度見直し、やるべきことに集中する。

必要最低限のメールチェックをした後、後回しにできるものを午後に振り分け、先に処理すべきことを片づける。そして時間を計測しながら重要タスクから片づけていく。

出社後にデスクでコーヒーを飲みながら寛《くつろ》ぎ、その後に仕事する人もいるが、実に時間の無駄である。仕事前のコーヒーは出社前に済ませ、気持ちを最高潮まで高めてから出社すべきである。

デスクワークであれ肉体労働であれ、職場は戦場である。休憩をするために来ているのでもなければ、雑談しに来ているわけでもない。与えられた仕事やタスクを処理しなければならない。

この本分を忘れて無駄な作業や雑用を自ら職場に持ち込んではならない。あなた自身が不要物を職場に持ち込まないように率先して取り組むべきである。

02

集中タイムはすべてのデバイスをオフ

私語や雑用に加えて、自ら制御可能な雑音が「スマートフォン」である。

個人所有の物もあれば、会社からの貸与品もあるだろう。急な連絡に備えておくことは重要である。しかし、3日も4日も連絡が付かない状況になるわけではない。長くてもランチまでのわずか数時間程度だ。

デバイスに電源が入っている限り、メールやSNSの連絡が入る。加えて他のアプリの通知もあり、どうしても気が散りやすい。たとえ会社からの貸与品であっても、集中時間の45分を過ぎれば連絡することは可能である。

一度切れた集中力はすぐに戻らない。せめて45分間を優先タスクに集中し、不在着信等は休憩時に連絡し直すべきである。

スマートフォンの影響は極めて中毒性の高い悪質なものである。「スマホ中毒」「スマホ依存症」ともいわれ、大人でさえスマホがないと不安に感じる人が少なくない。

特にSNSの連絡や投稿に対して「すぐに返信しなければ」という心理は、一種の強迫観念である。

「スマホ依存症」は身体や心に様々な影響を及ぼす恐れがあり、身体面では「不眠症」「視力低下」「肩こり」、頸椎《けいつい》の湾曲角度が30度以下になる「ストレートネック」が指摘されている。

精神面ではイライラや不安・無感情・無表情、攻撃的になる等の症例もあり、便利な道具である反面、悪影響も多い。

普段からスマホを手離せない人ほど、午前中の集中タイムに「スマホ断捨離」を実践すべきである。

スマホの電源を切るだけでも不思議なくらいに集中力が高まる。スマホ依存症でどうしても難しい場合には、治療を行なう病院も増えているので一度受診されてみてはいかがだろうか。

昨今では、スマホ依存症を解消するためのアプリも充実してきている。集中時間を確保

集中したいときはスマホの電源を切る

してくれる便利なアプリなので活用されてもよいだろう。

また、休憩時間のスマホ利用も十分な注意が必要である。急を要する連絡以外に利用すべきではない。

本来の仕事とはまったく関係のない、ＳＮＳの投稿チェックやゲームは終業まで厳禁だ。いかに休憩時間とはいえ、就業時間内に与えられている休憩は仕事を効率的に行なうためのものである。何をやってもよいという誤った認識は捨てなければいけない。

仕事に集中するために与えられているのが休憩であり、休憩の役割は疲労回復に専念するための時間だ。

03

急な連絡が入らない体制を整える

集中力を途切れさせる最大の外的要因が「電話」である。特にあなた宛に掛かってくる電話は要注意だ。

単刀直入に要点を伝えるだけの連絡であればまだしも、話の長い相手だと非常に厄介だ。せっかく集中して進めていた作業も台無しである。

会社で仕事を行なう以上、電話連絡を完全に遮断することは難しいかもしれないが、できる限りの努力は必要である。流れに身を任せるだけでなく、自ら能動的に防衛線を張らなければならない。

重要タスクにもいくつか分類がある。緊急を要するもの、失敗が許されないもの、素案程度の簡易なもの等々。緊急性と重要性が高いタスクを行なう場合は、たとえ電話といえども遮断しなければ集中して作業を進めることができない。

あらかじめ重要な仕事に専念していることを受電担当者に伝えておき、「会議中」「打ち合わせ中」と返事してもらえるよう予防線を張ろう。


さらに集中力を高めるためには、空いている会議室や打ち合わせコーナーを利用して一人でタスクに専念できる環境を作るべきである。もっとも、持ち運びできるパソコンや作業に限るが、作業環境が変わるだけでも集中力は意外に高まるものである。

メールに関しては、事前に「午前中は作業に集中するため返信不可」であることを伝えておくべきである。特に頻繁に連絡が来る相手に対しては、前日に「午前中対応不可」の連絡を入れておくだけでも牽制効果がある。

あなたが率先して効率的な作業方法を取り入れていることが理解されたら、職場全体で協力体制を取るのが望ましい。担当部署全員が協力し、午前中は優先タスクに専念できるように交代で電話応対の担当者を決めて対応すればよい。

「重要な会議中」だと応対しておけば、電話担当以外のすべての職員が集中して作業に臨める環境になる。

雑談でコミュニケーションを取る職場よりも、互いの作業を効率化するために協力し合える労働環境こそ、本当の良い職場ではないだろうか。

04 メモとTODOリストでさらに効率化

司会者や番組進行役を指す言葉として「ＭＣ」がある。マスターオブセレモニーの略称で、語源はコンサートやライブで演奏の合間に演奏者が話をすること、またはその時間を意味している。

ＭＣ次第で番組やコンサートの満足度は大きく変化するため、非常に重要なポジションである。

有名なＭＣほど、事前準備に余念がない。何気なく場の雰囲気で話しているように見えるが、アドリブも想定した綿密な準備があってこそなし得る、神業的な仕事ぶりである。

あなたもよくご覧になるテレビ番組で、非常に有名で進行がうまいＭＣが何名かいるだろう。彼らの話し方、番組の進め方、場のつなぎ方をしっかりと見ながら番組を楽しんでほしい。受動的に見ているときとは異なった視点で大きな気づきがあるだろう。間髪入れずにテンポよく進行・展開する様は、見事なものである。

この神業的な仕事ぶりは、当然だがあなたにも可能だ。ただし、準備が結果を大きく左右する。

「段取り八分《はちぶ》」とはよくいったもので、仕事の準備にもパレートの「20：80の法則」が当てはまる。事前準備を入念に行なっているからこそ、有名なMCは誰よりも上手に進行役を務められるのだ。あなたも見習って、事前準備を入念に行なうべきである。

事前準備にはメモの活用が有効だ。アイデアの創出や草案は手書きメモを利用すべきである。清書は最終段階で構わない。メモは普段からも活用できるアイテムなので、様々なことに利用していただきたい。

段取りの作成やアイデアの創出以外に、不安の解消や雑念除去にも利用できる。後から見直す必要のないことも書き留めてみるとよい。意外にも自らの思考以外の不思議なメッセージ的な言葉も湧き上がってくる。

変にスピリチュアルな話をする気はないが、潜在意識の奥深くからのメッセージも出てくるので、普段からメモはしっかり活用するとよい。

気分の乗らないときにはそんな心理状況を書くのもよし、イライラするときの解消法にもメモは役立つ。安価で効果の高いメモは活用すればするほど、あなたにとって心強い相棒になるだろう。

メモで段取りやスケジュールの草案ができれば、後はＴｏＤｏリストで清書して見やすい工夫をしてほしい。あなたがもし、字が綺麗であるなら手書きでも良いが、大半の人は字に自信がない。美しくない字を眺めていてもテンションは上がらないので、清書はしっかりとしたＴｏＤｏリストを活用するべきである。

華やかで、モチベーションの上がるようなリストが理想的だ。リストが派手なほど、達成したときの充実感も高いからだ。

05 作業環境は限りなく完全に近づける

事前準備に劣らず、実際にタスク処理する「環境」も大切である。いくら優秀な素質を持っている神童がいたとしても、スラム街のような劣悪な環境で生活していては出世できるはずもない。

仕事やタスク処理にも環境を整えておくことが重要である。散らかった環境では仕事ははかどらない。しっかりと整理整頓してタスク処理に臨もう。

まずはデスクや作業室内の整理整頓だ。

肉体労働の人であれば作業を行なうスペース全体の整理整頓が重要になる。タスク処理に必要な物以外はすべて片づけよう。仕事に関係しない物はすべて廃棄処分すべきである。

買い物でもらった割引券や回数券は不要だ。また、おやつやコーヒーも片づけるべきである。おやつやコーヒーは休憩時間に利用するものであり、集中時間には雑音の1つに該当する。視界に入れない工夫が必要だ。

作業中に休憩できる環境を構築してしまうと、脳が自動的に集中力を途切れさせてしまう。目の前にはやるべきタスクとその仕事に必要な資料や道具以外、一切置くべきではない。コーヒー等の飲み物は休憩時間にデスク以外で摂るべきで、デスクに飲食物は一切不要である。

ただし、どうしても水分補給が必要な場合は、視界に入らない位置に配置しよう。あくまでも「水分補給」の水やお茶程度に限る。コーヒーやジュース類が不要であることに変わりはない。ましてガムやおやつは完全に不要物だ。

さらに、デスクだけでなく、パソコンのデスクトップもしっかりと整理整頓しなければならない。仕事の遅い人ほどパソコンのデスクトップにアイコンが異様に多い。どの位置に何があるのかまったく認識できず、探すだけで時間が掛かる。完全に時間の無駄である。

普段からデスクトップのアイコンを整理し、きちんと整頓しておかなければ効率的な作業はできない。まとまった時間を利用して一気に整理整頓するのではなく、作業を終えたその日のうちにパソコンもデスクの上も整理整頓して帰宅すべきである。

余計なタスクを明日に繰り越さず、明日は明日でしっかりと優先タスクを処理できる環境を毎日構築しておくべきだ。

朝一番から散らかった環境を整理整頓するよりも、終業後に片づけておくほうが始業直後のスタートダッシュが早い。

気分的に考えても、整理されているほうが誰でも気持ちが良いものだ。散らかっている環境は注意力散漫の証であり、テンションの下がる要因になる。

つねに整理整頓ができてこそ、しっかり成果を出すことができるものだ。

06

社内で脳と体を完全に休ませる方法

集中できる環境づくりと並行して、意識的に作り出さなければいけないのが「休憩」だ。いくら効率的な作業を行なっても十分な休息が得られないと45分の1サイクルしか超集中のゴールデンタイムは活用できない。

超集中できるサイクル数を増やし効率的にタスク処理を完了するには、効果的な休息が必要不可欠である。短時間で十分な休息を確保し、脳や体力をできる限り最高の状態まで回復する休憩を心掛けたい。

いくつか良質な休憩方法を紹介しよう。

昼休みのような長時間の休憩には十分な休息を確保することが可能だが、集中タイムの合間の休憩はわずか10~15分程度だ。この短い時間を利用して休息を取る手法の1つとして「アイマスクの活用」を紹介したが、他にも有効なものがある。オススメは「運動」だ。

運動を行なうと逆に疲れるイメージがあるが、実は運動ほど効率的なリフレッシュ方法はない。特に脳内のリフレッシュに運動は最適である。

しかしわずか10分足らずの休憩時間を利用してジョギングやウォーキングは難しいだろう。短時間で効率的な運動といえば、実は誰もがご存知の「ラジオ体操」だ。

ラジオ体操は年齢・性別を問わず利用できる軽めの運動になる。心身のリフレッシュには持ってこいである。集中してタスクをこなした後、トイレに行くときのついでにラジオ体操を取り入れてみよう。次の集中タイムがまた充実したものに変わるはずだ。

目や脳を十分に休ませることと、軽い運動を取り入れるだけで、回復度合いは極端に異なる。デスクに座り放しの状態は作業効率と集中力を下げる一方である。気分転換も兼ねてリフレッシュできるので、軽く体を動かすとよい。集中力が切れるときはリフレッシュが重要である。

プロスポーツでも重要なシーンでは休憩を取る。脳内を整理整頓し、集中力を極限まで高めるためだ。休憩が試合結果に及ぼす影響は大きい。普段の仕事やタスク処理にも積極的に休憩を取り入れるべきである。

ただし前述しているが、休憩時間にスマホ等のデバイスに夢中になってはいけない。休憩どころか疲労度を高めるだけの逆効果になる。休憩の意義を忘れてはならない。

時間や環境が整うようであれば、ラジオ体操に限らずプチウォーキングを実施するとよい。歩くと脳内がリフレッシュされると同時に活性化される。

朝のミーティングを兼ねてウォーキングを実施している企業もある。歩きながら会話やアイデア創出すると脳が活性化されるためである。

アイデアに詰まったときは、ウォーキングしながらアイデアを考えてみるのも一つの手だ。このときもメモ帳を携帯することをお忘れなく。必要なアイデアは即書き留めておくべきである。

07

仕事とプライベートのボーダーを設ける

休憩が上手に利用できるようになると、仕事は順調にはかどるようになるはずだ。これは前述しているとおり、脳がシングルタスク処理により効率化するためである。

脳は難しい処理を同時に行なえない。マルチタスクを行なっているように見えても、実は瞬時にタスクを切り替えているだけで極めて非効率である。完全なタスクの切り替えが脳に良い影響を与え、さらに脳を活性化していく。

効率的な集中したシングルタスクを行なえば行なうほど、あなたの脳はさらに良い循環をもたらしてくれるのだ。

さらに脳を活性化させて効率的にするには、あなたの生活や人生そのものをもっとシンプルにして上手な切り替えを行なおう。

仕事のできる人やすごい人ほど、遊びを真剣に行なっているイメージがないだろうか。成功者と呼ばれる彼らは、何事にも真剣で一生懸命である。これはシングルタスク化し集中している自然な証だ。

たとえ遊びであれ、くだらないと感じる会合であれ、何事にも真剣そのものである。

同じように、あなたもすべてのことをシングルタスク化し、ひとつひとつに一生懸命になってみようではないか。

とはいえ、気が乗らないものに全力では臨めない。まず仕事以外の趣味やプライベートの時間をシングルタスク化して全力を注いでみよう。

そう、集中と休憩のように、仕事とプライベートをはっきり区別しようという提案である。

仕事は社内で処理すると決め、家庭に仕事を一切持って帰らないルールを徹底しよう。

また、休日には絶対仕事しないことも重要だ。

仕事をするときは仕事に没頭する、遊ぶときは遊びに没頭する、家族サービスのときは家族サービスに没頭するのだ。

愚痴を吐き泣きながら楽しくダンスは踊れない。読書しながらバラエティ番組は観ることができない。今、行なうべきタスクをシングル化し、集中することを日常的な習慣にするのだ。

単に仕事が早く処理できるだけでは「豊かな人生」とは呼べない。ちょっとした応用で人生そのものが効率的に、かつ有意義になるのだ。

仕事とプライベートはしっかり区別し、遊ぶときには全身全霊を込めて真剣に遊ぶべきである。

遊び上手は仕事上手。

遊びから生まれるアイデアも多く、遊びとは「楽しさ」を創造するものだ。楽しみを創造し、提供できるようになると人間としての魅力も大きくなる。

仕事が効率化して空き時間が生まれたら、ぜひともプライベートと遊びを大事にしていただきたい。

08

やりすぎや完璧を求めるのは逆効果

第2章でも少し触れたが、「過ぎたるは猶及ばざるが如し」という故事成語がある。何事もほどほどが肝心で、やりすぎることはやり足りないことと同じように「良いこと」とはいえないという意味だ。孔子が二人の門人を比較した言葉に基づいている。

これは仕事でも趣味でも同じだが、やりすぎは何事も良くない。

テレビ番組で「納豆がガン予防に効果がある」と報道されるとスーパーの陳列棚から納豆が消える。まさに「過ぎたるは猶及ばざるが如し」の一例だ。

いくら納豆が体に良いとしても、1日に10パック食べたところで意味がない。食事は全体的に偏らずに適量を食すのが最も健康的である。

過ぎたるは猶及ばざるが如し

健康のために運動しよう！
仕事に支障が…
いきなり10キロ走ったら全身ガタガタ…

仕事とプライベートの切り替えの大切さを前述したが、いくら超集中力を持続して効率化できるからといっても、丸一日利用することはオススメしない。

利用する時間を午前中のみと決めて、午後からの時間は雑用や不測の事態に備えた「予備時間」として設定しておくべきである。

体力にいくら自信があっても、明日に疲労を残しては意味がない。毎日継続できてこそ真に効率的な人生改革である。単発の1日のみのノウハウでは価値がない。

明日に疲れを残さないためにも、集中力を利用した午前の疲労は、翌朝には回復できる生活リズムを構成しなければいけない。そのためには、午前中のみではなく午後の活用も重要になる。

午後は雑用タイムと呼んでいるが、決して雑用だけではなく様々な余裕の時間として充てててもらいたい。特に余裕の時間を設けることが重要である。


何かしらの不測の事態は誰にでも起こるものだ。余裕なしのスケジュールを組んでいると、電車の過密ダイヤのように終日に渡り影響が及ぶことになる。午前中に処理する予定が少し残った場合や緊急トラブル時の対応用に、午後には1時間ないし2時間程度の余裕の時間を配置しておこう。

この余裕の時間を雑用処理やアイデアの創出に活用してもよい。特に決まりがない時間なので、使い方はあなた次第である。

余裕を持っておくことにより心理的にも楽になるはずだ。急な相談事にも対応が可能である。


何事もやりすぎは厳禁である。やりすぎや完璧を求める心理は、逆に集中力を下げる負の原因になるだけである。1日のスケジュールもしっかりと区別して、メリハリのある生活を心掛けていただきたい。

09

午後の疲労を乗り切る秘訣

午前中の集中時間を利用して、その日の重要タスクを処理するのが本書の重要ポイントである。サッカーの試合に例えると前半に全力を尽くすことだ。

しかし試合は前半だけで終わらない。後半も試合は続く。仕事でいえば午後から終業までが試合の後半だ。

午前中に体力を消耗し切ってしまうと、午後からの仕事が台無しになる。午前中の仕事のみで帰宅するなら問題はないが、多くの人は午後も就業時間は続く。つまり、午前中の疲労をいかにお昼の休憩時間を利用して回復できるのかが勝負である。

多少の差はあるだろうが、多くの働く人のお昼休みは1時間前後のはずだ。この時間を利用して当然だがランチを摂る。残った時間はぜひとも「お昼寝」を取り入れていただきたい。

人間には15分のサイクルがあることを何度もお伝えしているが、お昼寝も15分のサイクルを導入するとよい。理想的には30分のお昼寝が確保できれば最高だが、時間のない場合は15分でも十分である。

逆に30分以上寝てしまうと完全に体が睡眠モードに入り、覚醒しにくい状態になるので逆効果だ。ストップウォッチやアラームを利用してしっかりと時間管理したお昼寝を導入していただきたい。

完全に横になれる場所や部屋があれば理想的だが、そういう環境は日本の企業には少ない。だがデスクで座ったままの状態でもお昼寝は十分効果的である。お昼寝用の枕も市販されているので活用するとよいだろう。

15分たらずのお昼寝でも午後からの作業は著しく向上する。万全の態勢で午後も乗り切りたいものだ。

しかしすべての人がお昼寝できる環境にはない。集団でランチに行くこともあるだろうし、休む時間が取れないこともある。このような忙しい人には、せめて脳だけでもリフレッシュして午後に備えよう。

脳をリフレッシュさせるには環境を変えるのが一番良い。デスクで座ったままランチを取っていても環境は変わらない。脳や気分のリフレッシュのためには、ランチは外食をオススメする。

特に職場内とはまったく異なる雰囲気のお店が良い。視覚的・感覚的なイメージが変わると脳には強い刺激となり、気分が一新される。

旅行に行きたい衝動は、日常では存在しない世界を体験したいという心理だ。気分がリフレッシュされるだけで脳は興奮状態になり活性化される。

また、お店までの道を歩くことも軽い運動になり、リフレッシュ効果が期待できる。

お昼寝が無理でも、軽く体を動かし気分を変えることが大切である。ちょっとした工夫で脳のリフレッシュは可能だから色々と試してほしい。

10

帰宅時間の目標タイムリミットを設ける

午後の仕事やタスク処理に対しては特に時間制限を設けていない。午前中に集中した分、午後は脳の緊張をほぐし、緩めの処理を行なうのが理想的なスタイルである。

ただし、1つだけルールを厳守していただきたい午後の時間制限がある。それは「帰宅時間」だ。

いつまでもダラダラと仕事するのではなく、しっかりとゴールを設定しなければ、再び悪い習慣へと逆戻りする危険性がある。

定時の17時になるとすべての電源が落とされる会社があるそうだ。17時になればパソコンも照明も強制的に使用不可である。一切の残業が許されない環境下であるから、社員は時間内に仕事やタスクを終わらせることに必死だ。

夏休みの宿題同様、最終期限が明確に設定されているからこそ制限時間内に必死になれる。これはあなた自身も採用しなければいけない目標設定だ。

期限のない目標は達成されることがない。あくまでも「努力目標」などという曖昧な目標になる。目標とは達成しなければ意味がない。1日の仕事を終えて帰宅する時間を最初から明確に決めておかなければいけない。

このように、帰宅時間の設定を伝えると「言い訳」をする人が必ずいる。しかし不思議なことに、普段は残業を当たり前にしている人ほど、社内の大切な飲み会や会合にはしっかりと定時に仕事を終わらせて参加している。言っていることとやっていることが異なるが、実は多くの人が「やればできる」のだ。

言い訳をする人は、最初からやろうとしていないだけである。笑い話のようだが、この事例はどの会社にも存在する不思議な都市伝説である。

ではなぜ、やろうとしないのか。それは、目標達成してもメリットがないと感じているからだ。

決めた時間に帰宅するという目標達成が習慣化するまでは、条件付けが必要になる。パブロフの犬のように、音が鳴ると餌が出てくる仕組みを意図的に作成しなければいけない。たとえば、定時に帰宅する目標が達成されたら、ぜひとも自分自身に「ご褒美」を与えてほしい。

甘いもの好きならケーキやおやつでも良い。お酒が好きなら1ランク上のお酒を飲むのも良い。「達成＝ご褒美」の条件付けができると、目標達成のためにさらに頑張れるものだ。

お堅いことばかり言っていても人間は行動し続けられない。きちんと頑張ったご褒美を自分に用意していただきたい。

ムチばかり打っていても馬は走らない。飴《あめ》と鞭《むち》の使い分けが重要である。ぜひとも楽しみながら、時間管理を重要視できる人間に成長しよう。

いかがだっただろうか。この他にも、実践的に時間を有効活用する刺激的な手法はいくつもある。あくまでも私自身が実践しているものの一部でしかないが、有益な参考例である。

あなたにはあなたの仕事のスタイルや生活のリズムがあるだろう。応用編を参考として、重要なポイントを守りながら、あなたなりの新しいルールを決めていただけると幸いである。

作ろうと思えば時間は作り出せる。無駄が多すぎるだけだ。いかに無駄を省き、限りある時間を有効に使えるかが人生そのものを大きく変えるのである。

おわりに

日常の仕事やプライベートで忙しいなか、最後まで本書におつきあいいただき、心より感謝申し上げる。

私自身の苦い経験を元に、打開策を模索し続けて探し当てた仕事術の集大成が本書である。執筆に当たっては、数多くの脳科学や心理学の研究成果を参考にさせていただいた。深くお礼申し上げる。もし内容に不備な点があれば、その責任は私にある。

敬愛する恩師から以前「人生とは、たかだか数十年の幻だ」と教えられた。長いようで短い数十年という人生。気がつけば私も人生の折り返し地点を過ぎているのかもしれない。

若い頃は自由に時間を利用し、たくさんの無駄なことにも没頭してきた。それは「若さ」があったからこそできた楽しみの1つであったのだろう。

しかし30歳を過ぎ、40歳を越えると、人生を振り返って真剣に先のことを見据えようとする機会が増える。自分自身の経験を次の世代に残したいという思いもあって本書は生まれた。

日本社会は今後、少子高齢化に伴い年々労働人口は激減していくと予想されている。日本の物づくりを支えてきた中小企零細企業の町工場なども後継者不足で悩んでいるのが現状である。

また、昨今の人材不足は深刻な社会問題になりつつある。日本国内の労働条件はますます悪化する可能性があり、一刻も早い真の労働改革が必要とされている。

労働環境の早期の改善は、個人にも企業側にも重要な問題である。「夢」や「やりがい」を見失うことなく、社内で働くすべての人が活き活きとして、助け合いながら効率的に成果を生み出す事業を形成していかなければいけない。

社会全体という大きな枠組みを改革する前に、まずは自社の労働環境を改善しなければいけない。生産性の向上は、会社にも従業員にもたくさんの恩恵をもたらす。その第一歩が、あなた自身が効率的な仕事術を身に付けることに他ならない。時間を効率的に活用し、最大限のパフォーマンスを発揮して生産性を向上させよう。

最初の一歩は、まずあなた自身が自由な時間を作るための時間術の習得だ。そして時間に余裕ができたら、ぜひとも人生に夢とユーモアを取り入れてほしい。

ユーモアとはギャグやお笑いのセンスではない。目の前にある問題さえも、いかに楽しいものに変えられるかという一種の魔法である。

ユーモアがある人は、どんな苦難でも楽しいものに変えてしまう。次から次へとやってくる障害を、まるで運動会の障害物競走のように楽しみながらクリアしていく。ユーモアとは、出来事を肯定的に捉え、楽しいものに変換する力のことだ。

また、もう1つ大切にしてほしいのが「夢」である。夢のない人生はつまらない。何歳になろうとも夢は持ち続けてほしい。実はあなたは、時間だけでなくたくさんの人の労働効率化に貢献できる人なのだから。

財を遺《のこ》すは下、事業を遺すは中、人を遺すは上なり

「国家の医師」の異名を持ち、関東大震災後に帝都復興院総裁を兼務して被災した東京の復興計画に従事した重要人物の一人、後藤新平氏の名言である。

わかりやすく解釈すると「金を残して死ぬのは下だ。事業を残して死ぬのは中だ。人を残して死ぬのが上だ」といった意味である。

真の豊かさとは、お金を稼ぐことだけではない。

人間は他の動物とは違い、高度に発達した脳を有し、「感情」「情緒」というものを併せ持っている。人間が持つ本来の「幸福度」は豊かさだけではなく、社会への貢献度や達成感、充実感といった様々な感情が複雑に絡んでいる。

本当に目指すべき人生の「在り方」とは、自分だけが豊かになることではなく、社会全体が心身共に豊かになり、すべての人が幸福を感じる社会をつくることではないだろうか。

そのためには、優秀な人材が必要であり、それは知識レベルだけの優秀な人物ではなく、

心豊かな優秀な人物を数多く育てることに他ならない。

あなた自身が自らの仕事効率化を果たした後は、人をつくり、人を育て、人を残すことを目指してほしいと思う。


止まない嵐はない。今の苦しい環境も必ず大きな変化が訪れるだろう。つねに希望を捨てず、効率的に仕事を片づけ、新しい夢を切り開くために共に頑張ろう。


最後になるが、本書の作成に携わってくださった皆様に心より感謝する。

企画を採用していただいたぱる出版の瀧口様、並びに関係者の方々。そして企画のたまご屋さんの高橋様には多大なるご尽力を賜った。

そして、本書を手に取り最後までお読みいただいたあなたに、もう一度深くお礼申し上げる。いつか直接お目にかかれる日を楽しみにしている。

ありがとうございました。

田場信広（たば・のぶひろ）

心理とマーケティングを融合させたビジネスコンサルタント。建築技術者として社会人デビューした当初、常に仕事と時間に追われ、残業や休日出勤は当たり前の生活に疑問を感じ、「仕事の効率を最大限に上げる」ことを求め、たどり着いたのが「脳科学」の分野で、自ら実践した内容を基にして、仕事や作業の効率を最大化する手法を築く。また一方で、10年以上マーケティング手法を学び、実践経験の中から「リアル」と「Web」の集客手法を確立する。現在は「人材育成」「起業家支援」「集客相談」を中心としたコンサルティングや講演などで活躍中。

◎著者ブログ：https://rakuraku-douga.com/blog

短時間《たんじかん》で成果《せいか》を出《だ》す スゴイ集中力《しゅうちゅうりょく》

～なぜあの人は仕事が速いのにミスしないのか～

2020年9月10日　　初版発行

著　者　　田　場　信　広
発行者　　常　塚　嘉　明
発行所　　株式会社　ぱる出版

〒160-0011　東京都新宿区若葉1-9-16
03(3353)2835―代表　03(3353)2826―FAX
03(3353)3679―編集
振替　東京 00100-3-131586
印刷・製本　中央精版印刷(株)

ISBN978-4-8272-1250-1 C0034